Devenir Coach de vie

Sommaire

Chapitre 1 - Comprendre le métier de coach de vie.

Qu'est-ce qu'un coach de vie ?	9
Les qualités essentielles d'un bon coach	11
Les différents types de coaching	14
Cadre légal et éthique du coaching	17

Chapitre 2 - Les fondamentaux du coaching.

Établir une relation de confiance	23
Techniques d'écoute active	25
Poser les bonnes questions	28
Gérer les séances efficacement	31

Chapitre 3 - Développer vos compétences de coach.

Formation et certification	37
Auto-évaluation et développement personnel	39

Apprendre de l'expérience — 42

Supervision et mentorat — 45

Chapitre 4 - Spécialisations en coaching.

Coaching de vie personnelle — 51

Coaching de carrière — 53

Coaching en santé et bien-être — 56

Coaching spirituel — 60

Chapitre 5 - Techniques avancées de coaching.

Modèles de coaching — 65

Techniques de motivation — 67

Gestion des crises et des conflits — 70

Intégrer la pleine conscience dans le coaching — 73

Chapitre 6 - Gérer votre pratique de coaching.

Créer votre entreprise de coaching — 79

Stratégies de marketing pour les coachs — 81

Définir vos tarifs — 85

Gestion des clients et des cas difficiles — 88

Chapitre 7 - Utiliser la technologie dans le coaching.

Outils numériques pour les coachs — 93

Coaching à distance et ses défis — 95

Maintenir l'engagement client en ligne — 98

Utiliser les médias sociaux pour le développement professionnel — 100

Chapitre 8 - Construire votre réputation de coach.

Networking efficace — 105

Participer à des conférences et des workshops — 108

Publier des articles et des livres — 110

Collecter et utiliser les témoignages de clients — 113

Chapitre 9 - Évaluer et améliorer votre impact.

Mesurer le succès de vos interventions — 119

Feedbacks et ajustements continus — 121

Cas d'étude et analyses de résultats — 124

Étendre votre influence — 127

Chapitre 10 - Planifier l'avenir de votre carrière de coach.

Anticiper les tendances du marché — 131

Diversification des services — 133

Plan de développement professionnel à long terme — 136

Retraite et succession — 139

Chapitre 1
Comprendre le métier de coach de vie.

Qu'est-ce qu'un coach de vie ?

L'exploration de l'univers du coaching nous fait découvrir un rôle particulier, celui du coach de vie. Aussi appelé coach en développement personnel, le coach de vie est un professionnel dont la mission consiste à aider des individus à réaliser leur potentiel, développer leurs compétences et atteindre leurs objectifs de vie.

Le coach de vie est souvent perçu à tort comme un thérapeute. Il est important de distinguer que le coach n'est pas là pour guérir, au sens psychologique du terme, les byzantins internes ou troubles mentaux de ses clientèles. Son rôle se situe plutôt dans l'accompagnement de ses clients à définir et atteindre des buts précis pour une meilleure qualité de vie. Que ces objectifs concernent la sphère professionnelle, personnelle, relationnelle ou encore spirituelle, le coach de vie se fait le guide pour aider le client à clarifier ses objectifs, identifier les obstacles qui se dressent sur sa route et définir des stratégies pour les surmonter.

Le coach de vie intervient en tant que facilitateur, il

questionne, oriente, stimule et provoque des prises de conscience chez ses clients. Grâce à des outils et techniques spécifiques de coaching, il aide ces derniers à puiser dans leurs ressources internes pour relever les défis qu'ils rencontrent et optimiser leur potentiel d'actions. L'approche et les méthodologies du coaching sont orientées vers l'avenir, plus que vers le passé, elles se concentrent sur les solutions plutôt que sur les problèmes.

Un coach de vie peut également être consulté lorsque des transitions importantes sont vécues, comme un changement de carrière, un divorce, un déménagement, une perte ou autres situations difficiles. Il peut aider à naviguer ces eaux tumultueuses et à en faire des occasions d'apprentissage et de croissance personnelle.

Le travail d'un coach de vie ne se limite donc pas uniquement à une session de coaching. C'est un processus étendu qui implique également des tâches de suivi, de recherche et de révision à mesure que le client avance dans son parcours. Ceci dit, le coach de vie n'est pas un donneur de leçon ou un instructeur; il établit une relation d'égal à égal avec ses clients, où l'écoute, la confiance, le respect et la non-jugement sont des valeurs fondamentales.

Enfin, un coach de vie doit être en constante formation et évolution. Le métier exige une solide formation en coaching, une volonté constante d'apprendre et de s'améliorer, ainsi qu'une excellente connaissance de soi. C'est un métier inspirant et dynamique qui requiert de la passion, de l'intuition, de la persévérance mais surtout, un profond désir d'aider les autres à découvrir le meilleur d'eux-mêmes et à vivre une vie pleinement épanouissante.

En résumé, le coach de vie n'est pas seulement un accompagnateur, mais aussi un éclaireur, un catalyseur de changement, et un partenaire dans le voyage le plus passionnant qui soit, celui de la vie.

Les qualités essentielles d'un bon coach

Devenir un coach de vie efficace demande plus que de simples compétences en communication et en résolution de problèmes. C'est en effet un métier complexe qui demande un ensemble spécifique de qualités essentielles qui contribuent à l'établissement d'une relation de confiance avec le client, à la fourniture de conseils efficaces et à l'accompagnement de ce dernier vers l'atteinte de ses objectifs. Les qualités suivantes demeurent primordiales pour tout coach de vie aspirant.

Au cœur du coaching se trouve l'empathie, la capacité de ressentir et de comprendre les émotions des autres. Cette qualité permet au coach d'aborder les problèmes et les défis de ses clients avec sensibilité et compréhension, créant ainsi un espace sûr pour eux pour explorer leurs défis personnels et professionnels. L'empathie crée un lien de confiance, une composante essentielle de toute relation de coaching réussie, qui permet aux clients de se sentir soutenus et valorisés.

À côté de l'empathie, le professionalisme est une seconde qualité fondamentale qu'un coach de vie doit posséder. Cela implique d'être toujours préparé et organisé pour chaque session de coaching, respectant la confidentialité de chaque client et démontrant une connaissance approfondie du métier de coach et de ses différentes techniques. Le professionnalisme est aussi très important pour assurer que le coaching ne dévie pas en mode thérapeutique ou amical, mais reste centré sur ses objectifs.

La patience est une autre qualité essentielle d'un bon coach de vie. Le changement n'est pas instantané et le coach doit être prêt à accompagner ses clients à travers un processus qui pourrait s'avérer plus long que prévu. La patience aide le coach à rester concentré et résilient, même face aux défis et obstacles potentiels qui peuvent se présenter en cours de route.

Un excellent coach de vie est également un excellent auditeur qui peut vraiment tolérer le silence et permettre au client d'exprimer ses propres pensées sans interruption. C'est un aspect crucial du coaching qui aide le coach à comprendre les besoins et les défis de ses clients, eux-mêmes souvent mal compris par les clients.

Ensuite, le coach de vie doit posséder une volonté indéfectible de voir ses clients réussir et atteindre leurs objectifs. C'est cette passion et cet engagement pour le bien-être et le succès des clients qui permettent vraiment au coach de les soutenir à travers leurs défis et leurs obstacles.

Cette qualité va au-delà de la simple volonté d'aider ; elle se traduit par une action constante visant à offrir un soutien sans faille à ses clients.

Enfin, l'anticipation et une pensée proactive, sont à la base de la capacité du coach à faire progresser ses clients. Il s'agit de discerner le potentiel d'une personne, de déceler ses futurs défis et de lui fournir les outils nécessaires pour faire face à ces défis.

Il est important de noter que ces qualités ne sont pas innées ; elles peuvent être développées et affinées avec le temps et l'expérience. Tout comme le coaching lui-même, devenir un bon coach est un voyage, non pas une destination.

Les différents types de coaching

L'idée de devenir coach de vie donne souvent lieu à des images de coachs personnel ou d'affaires. Toutefois, il existe une variété de types de coaching, chacun dédié à une niche spécifique répondant à différents besoins individuels.

Un coach de vie typique peut englober un large éventail de possibilités pour ses clients, toutes centrées sur le mieux-être personnel et la réalisation des objectifs de vie. Cette forme de coaching vise généralement à aider les individus à trouver leur voie et leur sens de la vie, à surmonter les obstacles qui pourraient se dresser sur leur chemin, et à instaurer un sentiment d'équilibre et de contentement dans leur vie quotidienne.

Puis, il existe le coaching de carrière, qui se focalise sur la sphère professionnelle de la vie d'une personne. Ce type de coaching travaille sur les transitions de carrière, les promotions, l'équilibrage travail-vie personnelle, et le développement des compétences professionnelles. Le coach de carrière est un excellent allié pour tous ceux qui cherchent à faire avancer leur carrière, à déterminer la prochaine étape ou simplement à obtenir une meilleure satisfaction au travail.

Le coaching de santé et bien-être, de son côté, se consacre à aider les clients à adopter des habitudes de vie plus saines et à faire des choix éclairés concernant leur santé physique et mentale. Ce type de coaching peut comprendre des aspects aussi divers que la gestion du stress, la nutrition, l'exercice physique et la gestion des maladies chroniques.

Le coaching de relation, quant à lui, s'adresse aux personnes qui sont à la recherche de soutien et de conseils pour naviguer dans leurs relations personnelles. Ce coach travaille avec les clients pour comprendre les dynamiques relationnelles, résoudre les conflits et développer des compétences en communication et en empathie, pour ainsi instaurer des relations saines et satisfaisantes.

Il y a aussi le coaching exécutif, qui est souvent utilisé dans un contexte d'entreprise pour aider les leaders actuels et futurs à affiner leurs compétences en leadership, à comprendre la dynamique de leurs équipes, et à se fixer des objectifs stratégiques pour la croissance et le succès de leur entreprise.

Enfin, il existe le coaching de performance, qui se centre plus sur le développement des compétences et habiletés spécifiques des clients, que ce soit pour le sport, les arts, ou toute autre discipline nécessitant expertise et maîtrise.

Il est important de noter que ces types de coaching ne sont pas mutuellement exclusifs. Un coach de vie peut très bien intégrer des aspects du coaching de carrière, de santé et bien-être, de relation, exécutif ou de performance dans sa pratique, en fonction des besoins individuels de ses clients. Le métier de coach de vie requiert donc une grande souplesse et une compréhension approfondie des divers aspects de la vie humaine, afin de pouvoir offrir les outils et stratégies les plus pertinents pour chaque personne.

Cadre légal et éthique du coaching

Lorsque l'on aborde la question du cadre légal et éthique du coaching, il est primordial de comprendre que ce domaine est un véritable pan du métier, bien au-delà des compétences techniques et relationnelles. En effet, ces aspects sont absolument essentiels pour exercer de manière honnête, respectueuse et efficace.

Pour commencer, il est important de savoir que le coaching n'est pas, en soi, une profession strictement encadrée par la loi dans de nombreux pays. Toutefois, cela ne signifie pas qu'elle soit exemptée de tout règlement. Le coach de vie est considéré comme un professionnel de l'accompagnement, c'est donc à lui de veiller au respect des lois en vigueur et des réglementations déontologiques.

L'éthique du coaching est un des piliers sur lesquels s'appuie ce métier. Elle concerne le respect du client, l'engagement de non-nocivité, le respect de la confidentialité ainsi que l'objectif constant de favoriser l'autonomie du client. Les coachs, consciencieux de leur rôle d'accompagnateur, se doivent d'idéalement adhérer à une fondation ou une fédération professionnelle de coaching qui établit ces normes éthiques.

Concrètement, un coach de vie doit favoriser une relation saine et constructive avec ses clients. Cela passe par l'établissement d'un contrat de coaching qui spécifie les objectifs à atteindre, la durée de l'accompagnement et le cadre dans lequel ce dernier se déroulera. Le contrat est un garde-fou essentiel pour deux raisons : il permet au client de connaître en transparence ce qu'il peut attendre de son coach et il protège aussi le coach en cas de divergences d'opinions ou de malentendus.

Le respect de la confidentialité est également fondamental dans le coaching. Le coach se doit de garder secret tout ce qu'il entend ou apprend lors de ses sessions de coaching. C'est un aspect fondamental pour établir une relation de confiance entre le coach et son client, base pour tout progrès et succès dans le coaching.

Enfin, une autre dimension de l'éthique du coaching tient du rôle même du coach. En effet, le coach n'a pas à s'immiscer dans la vie de ses clients en dehors des sessions et ne doit pas non plus influencer leurs décisions. Son rôle est de les accompagner et de leur fournir les outils nécessaires pour qu'ils puissent faire leurs propres choix.

En somme, bien qu'il n'existe pas de réglementations gouvernementales spécifiques encadrant la profession de coach de vie, le respect de certaines règles d'éthique et d'autodiscipline est absolument essentiel. Plus qu'une profession, le coaching est une vocation qui demande à celui qui la pratique de faire preuve d'une intégrité sans faille pour fournir un véritable soutien et une véritable valeur à ses clients. Le respect de ces principes est donc une véritable marque professionnelle et d'excellence pour tout coach de vie.

Chapitre 2
Les fondamentaux du coaching.

Établir une relation de confiance

Dans le cadre du travail d'un coach de vie, l'établissement d'une relation de confiance représente un pilier fondamental et un élément non négociable pour le succès de l'accompagnement. C'est un lien sacré qui doit être soigneusement tissé avec chaque client, car c'est sur cette base solide que s'établira un échange authentique et un investissement collaboratif vers l'atteinte des objectifs définis.

Connaissez-vous le mythe de Janus, le dieu romain aux deux visages ? Janus incarne la dualité, le passage, la transition. Le rôle du coach de vie est similaire à bien des égards. Il est à la fois le confident et le facilitateur, le mentor et le miroir. Il est impératif de savoir jongler adroitement entre ces deux visages pour offrir un soutien équilibré à ses clients. La création de la confiance ne se résume pas à une simple écoute active ou à l'expression de l'empathie - bien qu'elles soient des composantes essentielles. Elle nécessite un juste équilibre entre l'accompagnement et le challenge, entre la compréhension douce et le questionnement incisif.

Le grand orchestrateur de ce lien de confiance réside dans l'authenticité. En tant que coach, être authentique dans son accompagnement signifie qu'il faut être vrai dans sa communication, sans faux-semblants ni mascarades. C'est oser apporter avec soin et respect des retours, des perspectives et des orientations parfois inconfortables pour votre client, mais nécessaires pour son cheminement. L'authenticité est ce qui permettra à vos clients de voir en vous un partenaire fidèle, capable de les aider à se voir eux-mêmes et les guider vers leurs objectifs.

Le respect et la confidentialité sont également des facteurs déterminants pour instaurer la confiance. Il est essentiel de réserver un espace sûr et privé à votre client, dans lequel il se sentira libre de s'exprimer, de se tromper et de grandir sans peur d'être jugé ou de voir ses secrets révélés. Cet engagement tacite constitue un pilier sur lequel reposent toutes les interactions entre un coach de vie et son client.

Il est crucial de prendre le temps de construire cette relation de confiance, car elle est la quintessence de votre travail de coach de vie. Vous pourriez être le plus érudit des experts en développement personnel, mais sans une relation de confiance avec votre client, votre capacité à faciliter un changement durable et significatif pourrait être entravée.

Enfin, la responsabilité partagée de l'évolution du client est un indice de confiance. Le coach doit se tenir responsable du processus d'accompagnement, tandis que le client se tient responsable de ses propres progrès. C'est cette responsabilité mutuelle qui renforce la confiance et incite chaque partie à donner le meilleur d'elle-même pour atteindre les objectifs fixés.

À travers ces notions d'authenticité, de respect, de confidentialité et de responsabilité, le coach de vie tisse une précieuse relation de confiance avec ses clients. Celle-ci ouvre la voie à un accompagnement fructueux, où l'échange est riche et le développement réaliste et durable.

Techniques d'écoute active

Commençons la partie "Techniques d'écoute active" de notre guide "Devenir Coach de vie".

En tant que coach de vie, l'écoute active se révèle précieuse. Il s'agit d'une technique de communication qui vise non seulement à entendre les mots prononcés par une personne, mais également à saisir les sentiments, les idées et les émotions sous-jacentes qui accompagnent ces mots. L'écoute active est fondamentale pour créer une connexion authentique avec votre client, indispensable pour le guider efficacement sur le chemin de l'évolution personnelle.

L'écoute active va au-delà de la simple perception auditive ; elle est un art qui allie la conscience émotionnelle à la compréhension intellectuelle. Cela signifie que vous devez être en mesure d'intégrer pleinement l'expérience de votre client, de partager son univers de référence pour mieux cerner son point de vue. L'écoute active implique une attitude de respect et de non-jugement, qui permet à votre client de se sentir en sécurité, entendu et reconnu dans sa singularité.

Pour maîtriser les techniques d'écoute active, vous devez être capable de vous concentrer intensément sur ce que dit votre client, de répéter certains éléments pour confirmer que vous l'avez bien compris et d'établir une perception précise de la situation ou des sentiments présentés. Cela se fait généralement en paraphrasant, c'est-à-dire en reformulant les propos de votre client avec vos propres mots afin de clarifier et de valider ce que vous avez entendu.

En outre, l'écoute active implique de réfléchir activement aux pensées, sentiments et comportements que votre client révèle et à la manière dont ils s'articulent les uns avec les autres. Cela permet de saisir les nuances, d'identifier les incohérences et les pistes à explorer pour un développement personnel efficace.

Mais attention, l'écoute active n'est pas qu'une affaire d'oreilles. Votre corps peut jouer un rôle tout aussi crucial. Un alignement approprié de l'expression faciale, du regard, des gestes et de la posture corporelle aide à créer un environnement propice à la communication et l'expression libre du client. Une simple inclinaison de la tête peut montrer à votre client que vous êtes engagé dans la conversation et légitimer ses sentiments.

Enfin, l'écoute active nécessite de l'empathie. Comprendre le monde du client, ressentir ses émotions, accepter ses sentiments sans les juger, c'est entrer en résonance avec lui. Cette résonance, basée sur l'empathie, est une force déployée par l'écoute active. Elle offre non seulement au client un espace sécurisé où s'exprimer, mais elle devient également un outil puissant pour le guider dans ses prises de conscience, ses questionnements et son cheminement vers l'auto-actualisation.

En résumé, l'écoute active est plus qu'une technique, c'est une posture, un engagement, une façon d'être vraiment présente pour l'autre. Maîtriser cette précieuse compétence vous aidera à vous démarquer en tant que coach de vie et à faire une différence réelle dans la vie de vos clients.

Poser les bonnes questions

Poser les bonnes questions est l'essence même du coaching de vie. Il s'agit d'une compétence essentielle que tous les coachs en développement personnel doivent maîtriser pour devenir efficaces dans leur pratique. L'art de poser les bonnes questions permet d'ouvrir de nouvelles voies de réflexion, d'encourager l'auto-exploration et de catalyser des changements positifs durables.

Préparez-vous à explorer les tréfonds de l'esprit humain, dans une quête continuelle de vérité, de clarté et de réalisation de soi. Vous devez être équipé de patience, d'empathie et d'une curiosité profonde pour les expériences uniques et les aspirations personnelles de vos clients. Rappelez-vous que chaque question est une invitation pour votre client à découvrir une nouvelle perspective, une nouvelle possibilité ou une nouvelle vérité sur lui-même.

Au fur et à mesure que vous construisez votre compétence à poser les bonnes questions, vous développez une écoute active, une sensibilité émotionnelle et une intuition accrue pour guider votre client à travers son processus de changement. Vous apprenez à repérer les signaux subtils, les mots non-dits et les sentiments cachés qui peuvent ouvrir la porte à des discussions plus profondes.

Lorsque vous posez des questions, il est crucial de veiller à créer un environnement sûr et non-jugeant.

Votre rôle en tant que coach est de créer une atmosphère où vos clients se sentent valorisés, respectés et libres de partager leurs pensées et leurs sentiments sans crainte de jugement ou de critique. Les bonnes questions, posées avec respect et compassion, peuvent aider vos clients à s'ouvrir et à partager ce qui se passe vraiment à l'intérieur d'eux.

Poser des questions ouvertes est une autre technique clé. Cela signifie des questions qui invitent à la réflexion et à l'expression personnelle plutôt qu'à des réponses "oui" ou "non". Cela peut aider vos clients à explorer leurs pensées et leurs sentiments plus en profondeur, à réfléchir à leurs motivations, leurs aspirations et leurs défis, et à prendre conscience de leurs propres capacités et ressources pour faire face à leurs problèmes.

Avec la pratique, vous commencerez à développer une intuition aiguisée pour poser des questions qui touchent au cœur de ce qui est important pour votre client. Vous apprendrez à poser des questions qui reflètent véritablement l'expérience et les aspirations de votre client, tout en les mettant au défi de reconnaître et de dépasser leurs propres limites.

Poser les bonnes questions ce n'est pas simplement poser des questions. C'est une véritable connexion qui se forme entre vous et votre client, une danse subtile d'écoute et d'interrogation qui met en lumière les vues, les valeurs et les visions de votre client. C'est en fin de compte, l'outil le plus puissant dans votre boîte à outils de coach de vie, car il donne à vos clients l'opportunité de se découvrir eux-mêmes de manière plus profonde et significative. Quand vous maîtriserez cet art, vous ne serez pas seulement un coach : vous serez un catalyseur de transformation.

Gérer les séances efficacement

Gérer efficacement les séances de coaching est une compétence clé que chaque coach de vie doit maîtriser. Cela va au-delà de la simple gestion du temps. Il s'agit de créer un espace sûr et productif où le client puisse travailler sur ses objectifs de développement personnel. Dans la même mesure, il s'agit aussi de gérer vos propres énergies en tant que coach pour ne pas vous épuiser et rester performant.

Au départ d'une séance, il est crucial d'établir un contrat clair avec le client. Cela signifie discuter et convenir des objectifs de la séance, des règles de participation et de synchroniser les attentes respectives. L'honnêteté et la transparence sont de mise dans cette conversation initiale pour établir un rapport de confiance solide.

Ensuite vient le besoin d'écoute active. En tant que coach, votre travail consiste à guider votre client vers ses propres solutions et non à lui en imposer. L'écoute active suppose de ne pas seulement entendre ce que votre client dit, mais également de percevoir ce qu'il ne dit pas, en interprétant son langage corporel, sa tonalité et autres signes indirects. Cela permet d'identifier les blocages sous-jacents et d'aider le client à les surmonter.

La gestion de votre temps et de l'agenda de la séance est également importante. Les séances de coaching peuvent facilement dériver si elles ne sont pas bien gérées. Un coach compétent veillera à ce que chaque moment de la session soit productif, qu'il s'agisse d'une discussion sur les objectifs du client, d'un exercice de développement personnel, ou d'une réflexion sur les progrès réalisés.

La séance de coaching doit également être flexible. Il est important de comprendre que chaque client est unique et qu'il peut ne pas réagir aux techniques de coaching de la même manière. Un coach efficace est donc celui qui est capable d'adapter son approche en fonction de la situation et du client.

Ensuite, il y a les techniques de questions ouvertes. En tant que coach, vos questions doivent aider votre client à réfléchir, à explorer de nouvelles perspectives et à trouver leurs propres solutions. Les questions fermées, qui se limitent à un oui ou un non, peuvent bloquer ce processus. Les questions ouvertes, en revanche, forcent le client à creuser plus profondément, ce qui est essentiel pour la croissance personnelle.

Enfin, il est important de clôturer chaque séance de manière productive. En fin de séance, le client devrait avoir une vision claire de ce qu'il doit accomplir avant la prochaine session. Cela peut impliquer des actions concrètes, de la reflexion personnelle, ou d'autres tâches qui soutiennent leur voyage de développement personnel.

En somme, gérer les séances de coaching efficacement requiert non seulement une bonne maîtrise de soi en tant que coach, mais aussi une multitude d'outils et de techniques qui soutiennent le client dans son parcours de développement. C'est un équilibre délicat qui demande une pratique régulière, mais qui peut aussi faire la différence entre un bon coach et un excellent coach.

Chapitre 3
Développer vos compétences de coach.

Formation et certification

La formation et la certification sont des étapes essentielles pour toute personne aspirant à devenir coach de vie. Ces deux processus vont au-delà de l'enseignement des compétences pratiques. Ils vous confèrent la validité afin de réaliser pleinement votre passion pour aider les autres, tout en vous distinguant sur le marché hautement compétitif du coaching de vie.

Tout d'abord, la formation vous offre l'opportunité d'acquérir des compétences de coaching approfondies. Souvent, les futurs coachs de vie sont des personnes passionnées par le développement personnel, ayant une forte envie d'aider les autres à atteindre leurs objectifs. Mais la passion et l'empathie ne suffisent pas à elles seules. Il faut y ajouter une solide connaissance des méthodes de coaching, une maîtrise des outils pertinents et une compréhension profonde du comportement humain. C'est là que la formation entre en jeu.

Les écoles de coaching proposent des programmes de formation diversifiés qui englobent tous ces aspects. Ils peuvent comprendre des cours théoriques, des séminaires, des ateliers pratiques ou encore des stages. L'important est de choisir une formation qui réponde à vos besoins spécifiques en termes d'apprentissage et qui soit respectée dans le domaine du coaching de vie. Il est également préférable que la formation soit interactive pour favoriser le développement de compétences pratiques de coaching.

Ensuite, le processus de certification joue un rôle central dans votre voyage vers une carrière en tant que coach de vie professionnel. En effet, dans un domaine où la confiance est cruciale, être certifié est un gage de crédibilité. Une certification indique que vous avez été formé selon des normes élevées et que vous êtes capable de fournir des services de coaching de qualité. Elle démontre votre engagement envers votre profession et rassure les clients potentiels sur votre compétence.

La certification s'obtient généralement après la formation, une fois que vous avez démontré que vous avez acquis les compétences et les connaissances nécessaires. Différentes organisations offrent des certifications de coach de vie, avec leurs propres critères et exigences. Il est donc essentiel de bien choisir l'organisme de certification, qui doit être reconnu et respecté dans le secteur du coaching.

En somme, votre chemin pour devenir un coach de vie réputé doit inévitablement passer par une formation de qualité et une certification reconnue. Ces étapes vous permettront non seulement de développer et de garantir vos compétences de coaching, mais aussi de vous positionner en tant que professionnel crédible et digne de confiance. Ne négligez jamais l'importance de la formation et de la certification dans votre quête pour devenir un coach de vie accompli. Ces processus peuvent demander du temps et des ressources, mais ils sont d'une importance inestimable pour votre parcours de carrière. C'est une véritable aventure d'apprentissage qui vous aidera à vous épanouir en tant que coach de vie, prêt à stimuler le potentiel de vos futurs clients.

Auto-évaluation et développement personnel

L'auto-évaluation est une pierre angulaire dans le développement du métier de coach de vie. Elle permet d'établir une perception claire et réaliste de nos compétences et de nos lacunes. En tant que coach, vous serez amené à faire évoluer les autres afin de les aider à atteindre leur plein potentiel, il est donc essentiel de débuter par soi-même.

La première étape de ce périple introspectif passe par une honnête auto-évaluation. Cette démarche, bien que parfois inconfortable, est une pratique salutaire pour prendre conscience de nos forces, nos faiblesses, nos compétences mais aussi nos domaines d'amélioration. Autrefois réservé au monde de l'entreprise, l'auto-évaluation s'est peu à peu étendue à la sphère personnelle pour devenir un outil de croissance personnelle.

Votre auto-évaluation doit s'efforcer d'être la plus objective et complète possible, un exercice d'équilibre délicat entre une nécessaire humilité et la reconnaissance de vos compétences et de vos talents uniques. N'oubliez jamais que cette évaluation n'est pas une fin en soi mais un point de départ, une base à partir de laquelle bâtir et parfaire votre parcours de coach de vie.

Une fois cette auto-évaluation réalisée, le travail de

développement personnel peut commencer. Ce dernier peut prendre diverses formes selon ce qui est nécessaire pour vous. Cela peut aller de la lecture de livres d'inspiration, à l'expérimentation de nouvelles méthodes de coaching, en passant par le suivi de formations complémentaires. Chaque expérience, chaque apprentissage, chaque instant de votre vie, s'ils sont correctement utilisés, contribuent à enrichir votre parcours personnel et professionnel.

Le développement personnel est un voyage constant et jamais achevé. Il faut le voir comme une montée progressive, remplie de rebondissements, d'ajustements, de progrès et même parfois d'échecs. Chaque étape, chaque nouveau défi est une occasion d'apprendre et de grandir. Le but n'est pas d'atteindre une perfection illusoire, mais d'efforcer constamment de devenir la meilleure version de vous-même.

Il est important de noter que le travail sur soi ne doit jamais s'arrêter. Par conséquent, votre développement personnel doit être intégré à votre routine quotidienne comme une pratique régulière. Il doit être soigneusement planifié et activement poursuivi pour s'assurer que vous continuez à grandir et à vous améliorer en tant que coach.

Au final, votre parcours personnel est le reflet de votre engagement envers vous-même et vers ceux que vous coacherez. En cultivant constamment votre auto-évaluation et votre développement personnel, vous incarnerez les valeurs que vous souhaitez transmettre : l'authenticité, la croissance et l'épanouissement. Cette crédibilité et cette cohérence seront vos plus précieux atouts pour inspirer, guider et transformer les personnes que vous accompagnerez en tant que coach de vie.

Apprendre de l'expérience

L'expérience est souvent décrite comme la meilleure des écoles. Pas parce qu'elle est sans erreurs, mais parce que chaque erreur a quelque chose à enseigner. En tant que futur coach de vie, il est essentiel d'apprendre de chaque expérience - la vôtre et celle des autres - pour affiner constamment votre approche et renforcer la valeur que vous apportez à votre pratique.

Pour commencer, il est important de reconnaître les expériences passées pour ce qu'elles sont : de précieuses leçons. Que vous ayez déjà une expérience en tant que coach ou que vous soyez novice dans ce domaine, chaque interaction que vous avez eue jusqu'à présent représente une occasion d'apprentissage. C'est le regard introspectif sur ces moments qui se transforme en sagesse, celle qui peut être appliquée à chaque nouveau client que vous rencontrez.

Par exemple, peut-être qu'une interaction particulière avec un client antérieur a mal tourné. En y réfléchissant, vous pourriez découvrir des points où vous auriez pu mieux écouter ou des situations où vous auriez pu anticiper des problèmes avant qu'ils ne surviennent. Cette forme d'apprentissage par l'expérience est précieuse et a le pouvoir de vous transformer en un meilleur coach de vie.

En outre, en exploitant l'expérience des autres dans le domaine, vous gagnez le bénéfice de leur sagesse sans avoir à faire vous-même les erreurs. Cela peut être réalisé en lisant les ouvrages de réflexion des leaders reconnus dans le domaine du coaching, en suivant des formations pertinentes, ou en ayant un mentor. Cette dernière option, en particulier, offre une occasion inestimable d'apprendre sur le tas et de recevoir des retours d'information de la part de quelqu'un qui a déjà traversé les difficultés que vous pourriez rencontrer.

Il est essentiel de comprendre que le voyage d'apprentissage d'un coach de vie ne s'arrête pas avec un diplôme ou une certification. En fait, la vraie croissance commence après. L'apprentissage par l'expérience ne cesse jamais, quelle que soit la somme des connaissances que vous pouvez accumuler. C'est ce qui fait sa beauté. Chaque nouveau client, chaque nouvel obstacle, chaque nouvelle réussite est une chance d'apprendre et de s'améliorer.

Adopter cette approche basée sur l'expérience nécessite une certaine humilité. Elle demande la reconnaissance que, quelle que soit votre expertise ou votre confiance en vos capacités, il y a toujours de la place pour l'apprentissage et le développement. Accepter que vous ne savez pas tout, c'est ouvrir la porte à une possibilité infinie de connaissances et à l'amélioration constante.

Il est tout aussi important de partager votre

expérience avec les autres. Partager vos propres expériences peut aider d'autres personnes à apprendre de vos réussites et de vos erreurs, à renforcer le sentiment de communauté entre les coachs de vie et à renforcer votre propre compréhension et votre empathie envers la condition humaine.

L'apprentissage par l'expérience est un voyage continuel, qui offre des avantages profonds et durables à ceux qui choisissent de le poursuivre. C'est une composante essentielle pour devenir un coach de vie accompli, capable d'apporter une profonde valeur ajoutée à la vie de ses clients et d'évoluer constamment pour s'améliorer.

Supervision et mentorat

La supervision et le mentorat sont des aspects essentiels pour tout coach de vie qui souhaite véritablement exceller dans son métier. Ces deux concepts sont souvent mal compris ou négligés, alors qu'ils sont, en réalité, la clé pour développer vos compétences en coaching sur le long terme.

La supervision est un processus par lequel un coach de vie cherche à obtenir un nouvel éclairage sur son travail par l'intermédiaire d'un superviseur expérimenté. Ce dernier ne joue pas le rôle d'un formateur ni celui d'un mentor, il est là pour aider le coach à analyser sa pratique, à prendre du recul et à rebondir après des situations difficiles. Il offre un espace de réflexion où le coach peut évoluer, grandir et apprendre.

Pour maximiser l'efficacité de la supervision, le coach doit s'assurer qu'il est prêt à recevoir des commentaires constructifs et à changer de perspective. L'objectif n'est pas de critiquer l'approche du coach, mais de le pousser à penser hors des sentiers battus, à prendre en compte plusieurs perspectives et à développer sa pensée critique. Le plus important étant de voir chaque expérience comme une occasion d'apprendre et de grandir, que l'issue soit positive ou négative.

Par contre, le mentorat en coaching est un processus différent, centré sur le développement des compétences et la progression de carrière. A la différence du superviseur, un mentor est un guide et un compagnon pour le coach. Il partage son expérience, dispense des conseils judicieux et offre un support moral en difficulté. Il s'agit d'une relation d'échange où le coach apprend de l'expérience pratique du mentor.

Il est important pour le coach de comprendre que le mentorat n'est pas une formation formelle. Le mentorat est de nature plus flexible et s'adapte aux besoins spécifiques du coach. La valeur du mentorat est ancrée dans l'expérience et la sagesse que le mentor partage avec le coach.

C'est pourquoi, le coach doit choisir attentivement son mentor. Il est recommandé de trouver quelqu'un qui a une expérience similaire ou celle que le coach aspire à avoir. Un bon mentor doit être capable d'offrir des conseils précis, d'être une source d'inspiration, et d'avoir la capacité de pousser le coach à atteindre sont potentiel.

La supervision et le mentorat sont deux pratiques complémentaires qui peuvent propulser une carrière de coaching. Ils offrent une précieuse opportunité d'apprendre de ses expériences et de celles des autres. La participation active à ces deux processus démontre un engagement significatif envers le métier de coach, votre développement personnel et vers ceux que vous aidez. Il s'agit d'un signal fort que vous avez à cœur d'offrir le meilleur service possible à vos clients, et que vous êtes ouvert à l'apprentissage continu, ce qui, de facto, vous positionnera comme un coach de vie de référence.

Chapitre 4
Spécialisations en coaching.

Coaching de vie personnelle

Le coaching de vie personnelle est une profession qui favorise une véritable transformation intérieure, en guidant les individus à repousser leurs limites émotionnelles et psychologiques. Pour être efficace, un coach de vie personnel doit posséder une combinaison unique de compétences, de compréhension profonde de lui-même et des autres, et de dévouement désintéressé à aider les personnes à réaliser leur potentiel maximal.

Les clients qui ont besoin d'un coach de vie personnel sont souvent à la recherche d'une aide pour naviguer à travers des périodes difficiles ou des transitions importantes. En tant que coach, le rôle sera d'aider les clients à identifier leurs objectifs, à visualiser ce à quoi ressemble le succès pour eux, et à les aider à faire les ajustements nécessaires pour atteindre ces objectifs. Il ne s'agit pas simplement de fournir une "recette" pour réussir, mais plutôt de diagnostiquer les obstacles uniques de chaque individu et de trouver des solutions adaptées à leur situation spécifique.

L'un des défis les plus courants dans le coaching

de vie consiste à aider les clients à affronter leurs peurs et leurs insécurités. Ces sentiments peuvent être paralysants et empêcher les individuals de prendre des mesures en vue d'atteindre leurs objectifs. En tant que coach de vie, vous devez aider vos clients à comprendre quo ces peurs et insécurités ne sont souvent que des limites qu'ils se sont inventées, et les aider à les surmonter.

Un autre aspect crucial du coaching de vie est la capacité à établir une connexion authentique et significative avec vos clients. L'écoute active, la compassion, l'empathie et l'authenticité sont des éléments essentiels pour établir un climat de confiance au sein duquel le client se sent soutenu et encouragé. Un bon coach de vie est un partenaire de transformation authentique et non un simple conseiller.

Il est également essentiel, en tant que coach de vie, de comprendre les dynamiques de la motivation humaine. Etre capable d'identifier les forces insoupçonnées et les désirs innés d'un client et de les utiliser pour alimenter leur motivation est une compétence précieuse que chaque coach de vie doit maîtriser.

La capacité à être un catalyseur de changement est une autre caractéristique clé du coaching de vie. En fin de compte, le rôle d'un coach n'est pas de changer la vie du client pour lui, mais de l'inciter à créer le changement lui-même. Cela implique de lui permettre de découvrir son propre pouvoir et sa capacité à changer.

Enfin, le coaching de vie personnelle implique de jouer de nombreux rôles. Vous serez à la fois un enseignant, un guide, un mentor et un confesseur. La polyvalence est donc une compétence essentielle pour tout coach de vie.

En somme, le coaching de vie personnelle est à la fois une science et un art. Il demande de l'empathie, de la patience, des compétences en communication et en écoute, ainsi qu'une bonne compréhension des dynamiques de la motivation humaine. C'est un métier qui permet non seulement d'améliorer la vie des autres, mais qui peut également être enrichissant et satisfaisant sur le plan personnel.

Coaching de carrière

Le coaching de carrière fait partie intégrante de la palette de compétences qu'un coach de vie peut développer dans le but d'accompagner au mieux ses clients. Apporter une connaissance approfondie et un regard extérieur sur le parcours de carrière de chacun peut aider à redécouvrir des talents cachés, à formuler des ambitions clairement énoncées, et à donner les clés pour atteindre des objectifs professionnels.

L'efficacité du coaching de carrière réside avant tout dans l'écoute. Le coach doit être capable de détecter, dans les mots et dans le vécu de son client, des indices subtils qui révèlent ses motivations sous-jacentes, ses angoisses, ses rêves et ses contraintes. Ce processus exige du coach une présence totale, une empathie sincère, et un sens de l'analyse capable d'éclairer des zones d'ombre souvent méconnues du client lui-même.

Lorsque l'on travaille avec un client en coaching de carrière, il est essentiel de ne pas imposer sa vision des choses. Le rôle du coach n'est pas de dicter ce qui est bon pour le client, mais d'aider ce dernier à trouver ses propres réponses. Un coach doit poser les bonnes questions pour stimuler la réflexion personnelle, aider le client à gagner en clarté et donc, à faire un choix idéalement adapté à sa situation et à ses aspirations.

Un aspect déterminant du coaching de carrière se trouve dans l'identification des obstacles. Soyons francs, ce processus peut s'avérer inconfortable. Or, un coach habile saura accompagner ce passage parfois déstabilisant mais fondamental, en aidant le client à prendre conscience des blocages qui freinent son épanouissement professionnel et à y faire face avec sérénité.

Mais l'accompagnement ne s'arrête pas là. Après l'identification des obstacles, il est temps de définir et de mettre en œuvre des stratégies pour les surmonter. C'est là encore qu'intervient le rôle essentiel du coach de carrière : fournir des outils appropriés, proposer des défis stimulants et assurer un suivi qui permet au client de progresser à son rythme vers la réalisation de ses aspirations.

L'un des points clés en coaching de carrière est l'aide à la prise de décision. Nous sommes confrontés à des choix de carrière multiples et complexes qui peuvent parfois sembler écrasants. Le coach de carrière accompagne le client dans ces moments cruciaux, en facilitant la connaissance de soi, en soulignant les points forts et les points d'amélioration, mais aussi en aidant à anticiper les conséquences potentielles de chaque choix.

Enfin, le coaching de carrière, c'est aussi donner au client les moyens de faire face à un monde professionnel en constante évolution. Un coach se doit d'être en veille sur les nouvelles tendances et les transformations du marché du travail pour aider le client à adapter ses compétences et à se positionner de manière pertinente et proactive.

Le coaching de carrière est donc une spécialisation à la fois exigeante et passionnante pour tout coach de vie qui souhaite approfondir son expertise et apporter une vraie plus-value à ses clients. En empruntant ce chemin, le coach lui-même continue d'apprendre et de se développer, tout comme ses clients.

Coaching en santé et bien-être

Dans le vaste spectre du coaching de vie, se

distingue une discipline en plein essor : le coaching en santé et bien-être. Cette spécialisation, tout en se fondant sur les principes fondamentaux de l'accompagnement de l'individu vers sa réalisation personnelle, se focalise sur une facette plus spécifique de notre existence. La santé et le bien-être, comme leurs noms l'indiquent, englobent tous les aspects liés à la vitalité physique et émotionnelle ; ils forment un binôme inséparable qui est la pierre angulaire de l'épanouissement de l'individu.

Afin de maîtriser la compétence du coaching en santé et bien-être, l'une des premières choses à comprendre est l'inextricable lien entre le corps et l'esprit. L'équilibre précaire qu'ils maintiennent entre eux est essentiel à la survie et à la croissance. Et cet équilibre est le fruit de multiples éléments inter-reliés tels que l'alimentation, l'activité physique, le stress, le sommeil, la relation à soi-même et aux autres, etc.

Le coach en santé et bien-être est celui ou celle qui amène la personne accompagnée à prendre conscience de cet équilibre et à apprendre à l'ajuster de manière optimale. En mettant en évidence l'impact des habitudes de vie sur la santé et le bien-être général, le coach aide ses clients à identifier leurs propres schémas, à découvrir leur potentiel et à développer leur autonomie pour devenir des acteurs actifs de leur santé.

Le coaching en santé et bien-être nécessite donc un savoir-faire et un savoir-être particuliers. Le coach doit être nourri de connaissances solides dans des domaines variés tels que la nutrition, l'éducation physique, la psychologie, la relaxation. Mais au-delà de ces connaissances techniques, la clé réside dans la capacité du coach à créer un espace de confiance et de bienveillance, où les peurs et les résistances peuvent être accueillies sans jugement.

L'intervention du coach en santé et bien-être ne se base pas sur une approche standard, mais sur une prise en charge individualisée qui tient compte des besoins spécifiques de chaque individu. Chaque personne est un être unique, avec ses croyances, ses valeurs, ses habitudes, son histoire, ses ressources, ses blessures. Le coach est celui qui crée le lien entre ces différentes dimensions, qui guide vers une prise de conscience holistique de soi et des changements nécessaires à un équilibre de vie.

Dans ce parcours d'accompagnement vers la santé et le bien-être, le coach doit respecter l'autonomie de la personne, en évitant à tout prix de se substituer à elle. Le rôle du coach n'est pas de prescrire, mais de favoriser l'émergence de solutions adaptées à la personne, qui viennent d'elle-même et qui correspondent à sa réalité et à ses aspirations.

Enfin, être coach en santé et bien-être exige également une irréprochable intégrité. Il est impératif que le coach soit lui-même un exemple de ce qu'il prône, qu'il vive en cohérence avec ce qu'il véhicule auprès de ses clients. Car le coaching ne se réduit pas à une transmission de connaissances, c'est avant tout une relation humaine authentique, un partage d'expérience, un accompagnement bienveillant vers la réalisation de soi.

Etre un coach de vie spécialisé en santé et bien-être, c'est choisir de guider les autres sur le chemin de l'épanouissement, un chemin qui amène à se reconnecter à soi, à écouter son corps et son cœur, et à créer sa propre définition du bien-être. Et lorsqu'on y pense, quel est le plus beau cadeau que l'on puisse offrir à quelqu'un sinon celui de se sentir pleinement vivant et en accord avec soi-même?

Coaching spirituel

Le coaching spirituel tire son essence de notre désir intrinsèque de comprendre les problèmes sous-jacents de notre existence et comment ceux-ci affectent notre vie au quotidien. C'est une quête pour comprendre et répondre à des questions profondes comme la signification de notre vie, notre propos et notre relation avec l'univers.

Comme coach spirituel, vous devez bien comprendre que votre travail est d'accompagner vos clients dans leur voyage intérieur vers la découverte de soi. Cela requiert une empathie profonde et une capacité d'écoute active afin de comprendre véritablement les désirs, les rêves et les peurs de vos clients. Vous devez être en mesure de leur fournir un espace sûr et non jugeant pour qu'ils puissent s'exprimer librement et commencer à se comprendre eux-mêmes à un niveau beaucoup plus profond.

Contrairement à d'autres formes de coaching, le coaching spirituel ne se concentre pas sur les objectifs de performance ou de réalisation matérielle, mais plutôt sur le croissance personnelle et la réalisation de l'auto. C'est un voyage vers l'intérieur, un cheminement vers une prise de conscience qui va au-delà de la surface de nos activités quotidiennes. Il guide les individus à s'éveiller à leur véritable soi, à leurs valeurs profondes et à leurs passions.

En tant que coach spirituel, vous êtes appelé à faciliter ce voyage intérieur en aidant vos clients à se connecter à leur conscience supérieure et à mieux comprendre leur véritable objectif dans la vie. C'est un travail qui demande une grande dose d'humilité et de respect pour la complexité de l'expérience humaine. Vous devez être prêt à laisser de côté vos propres idées préconçues et à travailler aux côtés de vos clients, plutôt qu'à essayer de les guider vers une destination préétablie.

Le coaching spirituel a une dimension holistique. Il ne s'agit pas seulement de répondre aux questions, mais aussi d'aider vos clients à intégrer ces connaissances à tous les aspects de leur vie. Ceci afin d'aligner leur esprit, leur corps et leur esprit vers une vie plus équilibrée, plus enrichissante et plus authentique. Cette intégralité est ce qui apporte un véritable changement dans la vie des individus.

Il est important en tant que coach spirituel de respecter et d'encourager l'individualité de chaque client. Chacun de nous est un ensemble unique de croyances, d'expériences et de désirs. Ici, il n'y a pas de "taille unique". Votre travail est de créer un cadre personnalisé, adapté à chaque client, qui les guidera dans leur découverte de soi et les aidera à faire leur transformation personnelle.

En somme, le coaching spirituel est un voyage magnifique et transformateur que vous, en tant que coach, avez la chance de faciliter. Vous serez non seulement des témoins, mais aussi des acteurs clés dans la transformation des vies de vos clients, en les aidant à débloquer leur potentiel et en les guidant vers une vie plus significative et épanouissante. La beauté de ce métier réside dans le fait qu'il apporte un changement positif non seulement aux vies des clients, mais aussi à la vôtre en tant que coach. Et c'est cette transformation mutuelle qui fait du coaching spirituel une pratique vraiment enrichissante et inspirante.

Chapitre 5
Techniques avancées de coaching.

Modèles de coaching

Entamer une carrière de coach de vie nécessite une compréhension approfondie des différentes approches possibles dans ce domaine. Les modèles de coaching jouent par conséquent un rôle crucial dans la formation d'un coach performant et empathique.

L'un des modèles les plus respectés dans le coaching de vie est le modèle GROW. Ce modèle met en lumière quatre étapes fondamentales pour accomplir un objectif : Goal (objectif), Reality (réalité), Options (Options) et Will (Volonté). En tant que coach, vous devez aider vos clients à identifier leurs buts, à comprendre leur situation actuelle, à explorer diverses options pour atteindre leurs objectifs et à renforcer leur détermination à agir.

Par ailleurs, le modèle CLEAR, moins connu mais tout aussi puissant est applicable dans diverses situations de coaching. Les cinq étapes de ce dernier sont : Contracting (mise en relation), Listening (écoute), Exploring (exploration), Actions (action) et Review (révision). Il insiste surtout sur l'importance de l'écoute active, aspect qui permet au coach de vraiment comprendre le point de vue du client avant de donner des suggestions ou des conseils.

Un autre modèle, souvent privilégié dans les contextes corporatifs, est le modèle OSKAR. Il ancre le processus de coaching dans l'idée de «Solution Focus». Plutôt que de mettre l'accent sur les problèmes, on invite le client à se concentrer sur les solutions. C'est une approche positive qui favorise l'autonomie et la résilience du client.

Un quatrième modèle, appelé COACH, met l'accent sur le fait de Challenger (défier), Offrir des options, Agir, Vérifier (check) et Honorer. Ce modèle encourage le client à se confronter à ses propres croyances limitantes, tout en lui offrant un soutien et des outils pour naviguer vers le succès.

Néanmoins, quel que soit le modèle qui vous semble le plus approprié, il est essentiel de se rappeler que le rapport de confiance et le respect mutuel entre le coach et le client sont le fondement de toute séance de coaching réussie. Le client doit toujours se sentir écouté, soutenu et encouragé. Cela vous aidera à instaurer un environnement propice au changement positif et à la croissance personnelle.

De même, il est crucial de souligner que tous ces modèles ne sont pas des formules magiques qui garantissent le succès dans toutes les circonstances. Chaque client est unique et peut nécessiter différentes approches. C'est là que la flexibilité et les compétences interpersonnelles du coach entrent en jeu. En vous adaptant aux besoins de chaque client et en intégrant des éléments de différents modèles de coaching, vous pourrez fournir une aide fondée, flexible et personnalisée, favorisant ainsi un accompagnement positif et profitable.

Pour devenir un coach de vie vraiment efficace, vous devez investir du temps et des efforts pour étudier et comprendre ces modèles. Ils sont vos outils, et ranimeront d'autant plus votre flamme que vous les manierez avec dextérité.

Techniques de motivation

La motivation, pierre angulaire de tout parcours de transformation personnelle, n'est pas seulement le levier principal dont dispose le coach de vie, mais aussi l'outil le plus subtil à manier. Apprendre à maîtriser les techniques de motivation adéquates permet à chaque coach de vie d'aider son client à déceler sa véritable aspiration, à surpasser ses obstacles internes et externes, et à atteindre des sommets inimaginables.

Pour bien démarrer, le concept de 'motivation intrinsèque' est indispensable à comprendre. C'est une forme de motivation qui vient de l'intérieur, centrée sur le plaisir et le potentiel d'accomplissement personnel. Un bon coaching implique de découvrir et d'amplifier cette motivation intrinsèque, plutôt que de se baser uniquement sur des récompenses ou des pressions extérieures.

Cela passe par l'écoute attentive. Le coach de vie doit aprendre à écouter profondément son client pour comprendre ses désirs, peurs et aspirations. Il doit décrypter le message véhiculé par chaque mot, chaque émotion exprimée et parfois même, ce non-dit qui en dit long. L'écoute permet au coach de saisir les motivations profondes qui sont parfois masquées par des résistances, des peurs ou des habitudes bien ancrées.

Il est également primordial que le coach aide son client à visualiser ses objectifs. Cette technique s'inspire de la préparation mentale des sportifs de haut niveau. Il s'agit de s'imaginer clairement, dans le moindre détail, atteignant l'objectif souhaité. Non seulement cela dynamise la motivation, mais cela programme aussi l'esprit à reconnaître et à saisir les opportunités qui s'alignent avec l'objectif.

Une autre technique réside dans l'Art du questionnement, une approche dérivée de la philosophie socratique. Le rôle du coach est de poser des questions éclairantes qui mènent le client à une plus grande prise de conscience. Les bonnes questions peuvent aider le client à débloquer sa motivation, à découvrir des perspectives nouvelles et à se poser les bonnes questions.

L'autocompassion est aussi une pièce maîtresse de l'échiquier de la motivation. Bien souvent, nos clients sont durs envers eux-mêmes, particulièrement lorsque leurs efforts ne portent pas les fruits escomptés. Là encore, le coach a un rôle à jouer : celui de rappeler l'importance de la bienveillance envers soi-même et d'inculquer que le chemin vers le succès est souvent parsemé d'échecs, qui sont autant d'opportunités d'apprentissages et de progrès.

Enfin, le coach doit être un modèle de motivation. Il doit démontrer son enthousiasme, sa passion et son engagement envers ses propres objectifs et sa pratique de coaching. C'est une source d'inspiration contagieuse pour les clients.

Ainsi, la maîtrise de ces techniques de motivation implique une compréhension profonde de la nature humaine, une communication empathique, une écoute intègre et une passion pour aider les autres à atteindre leur potentiel. Et en définitive, ce n'est pas seulement le client qui en bénéficie, mais aussi le coach lui-même, qui trouve satisfaction à apporter un changement positif dans la vie des autres.

Gestion des crises et des conflits

La gestion des crises et des conflits est un élément crucial dans l'exercice du coaching de vie. Elle est souvent l'épreuve qui met à l'épreuve la résilience du coach et sa capacité à demeurer stable et constructif dans les situations les plus stressantes.

Pour commencer, il est important de comprendre le naturel des conflits et des crises. Ces situations déstabilisantes sont une partie inévitable et parfois nécessaire de la condition humaine. Elles sont les moments de vérité où sont révélés nos angoisses, nos peurs, nos doutes, mais aussi nos espoirs, nos désirs et notre potentiel de croissance. En tant que coach de vie, votre mission est d'aider vos clients à traverser ces moments difficiles, en fournissant soutien, compréhension et guidage.

La première étape dans la gestion des crises et des conflits est d'établir un espace sûr pour votre client. Cela implique une communication ouverte et honnête, une empathie authentique et le respect de la confidentialité. Votre client doit se sentir libre d'exprimer ses émotions, ses pensées et ses préoccupations sans crainte de jugement ou de répercussion.

Ensuite, en tant que coach, vous devez maintenir une perspective objective et sans préjudice. Vous devez éviter de prendre parti dans le conflit, mais plutôt encourager toutes les parties impliquées à exprimer leurs points de vue et à collaborer à la recherche de solutions. Il est essentiel d'équilibrer l'écoute active avec le questionnement stratégique pour aider le client à explorer ses propres sentiments et à prendre ses propres décisions.

Mais gérer les crises et les conflits ne se limite pas à la résolution de problèmes immédiats. C'est aussi l'occasion d'encourager le client à apprendre de ses expériences et à développer des stratégies d'adaptation efficaces pour l'avenir. Les crises sont souvent des moments de profond bouleversement personnel, mais aussi des opportunités uniques de croissance et de développement. En tant que coach de vie, vous pouvez aider votre client à tirer parti de ces moments pour se connaître mieux, comprendre ses modes de fonctionnement et définir clairement ses objectifs.

Enfin, il est crucial de comprendre que le rôle du coach n'est pas de résoudre les problèmes à la place du client, mais de l'aider à développer sa propre capacité à gérer les crises et les conflits. C'est une approche qui favorise l'autonomie, l'autonomisation et finalement, la santé émotionnelle à long terme.

En fin de compte, être un entraîneur de vie efficace

dans la gestion des crises et des conflits demande une connaissance approfondie de la psychologie humaine, une solide capacité d'écoute active, et une présence sincère et empathique. Ces compétences ne sont pas simplement acquises, elles sont cultivées et affinées au fil du temps et de la pratique. En embrassant ce défi, vous pouvez permettre à vos clients de faire l'expérience de leurs crises et de leurs conflits non pas en tant que problèmes insurmontables, mais en tant qu'étapes essentielles de leur voyage de croissance personnelle.

Intégrer la pleine conscience dans le coaching

L'intégration de la pleine conscience dans le coaching est aujourd'hui une démarche fondamentale, tant elle représente un outil précieux de transformation personnelle. En guidant les clients vers une présence attentive, un coach peut les aider à gagner en clarté et en authenticité, à équilibrer leurs sentiments et émotions, et à naviguer plus efficacement dans les défis de la vie.

La pleine conscience, au cœur du coaching, implique la présence active et non jugementale de l'individu à son expérience en cours. Ce processus aide les clients à s'immerger dans leur vécu présent, en s'abandonnant au flot ininterrompu de sensations, pensées et émotions. La pleine conscience permet aux clients de devenir observateurs de leur réalité intérieure, offrant un espace pour la réflexion et la connexion interne. De cette manière, ils peuvent commencer à discerner ce qui fonctionne pour eux, ce qui nécessite un changement, et comment procéder à ce changement de manière efficace et autonome.

Lorsqu'un coach intègre la pleine conscience dans sa méthodologie, cela conduit à un changement de paradigme dans la pratique traditionnelle du coaching. Le coaching devient alors une plateforme pour l'exploration de soi, offrant aux clients une profonde compréhension de leur paysage intérieur. La pleine conscience enrichit la relation coach-client, en fixant un environnement de confiance et de respect mutuel. Etabli dans une présence pleinement consciente, le coach rencontre le client là où il se trouve dans ce moment précis, sans jugement, ni attente, ni besoin de changer quoi que ce soit.

Les techniques de pleine conscience aident les clients à observer leurs pensées et leurs émotions sans s'y accrocher ni les laisser envahir leur esprit. Ils apprennent à remarquer les schémas récurrents de pensée qui peuvent entraver leur progression, et à les voir pour ce qu'ils sont : des formes éphémères et changeantes, et non la réalité ultime de leur être. De cette reconnaissance naît le détachement, qui permet alors aux clients de choisir consciemment leur réaction aux événements de la vie au lieu d'y réagir de façon automatique et inconsciente.

Un autre aspect significatif de l'intégration de la pleine conscience dans le coaching est l'accent mis sur la compétence fondamentale de l'écoute active. L'écoute active consciente permet au coach de porter une attention pleine et sans jugement à l'expérience du client, en favorisant ainsi l'authenticité, l'ouverture et le respect mutuel. Cela développe un espace de sécurité où le client peut se sentir entendu, vu et validé.

En conclusion, l'intégration de la pleine conscience dans le coaching n'est pas simplement une stratégie, mais une philosophie de pratique qui met l'accent sur le respect de l'individualité, la présence authentique, et la responsabilisation du client. Cela demande, cependant, une formation et un travail continu de la part du coach pour s'assurer qu'il ou elle est capable de modéliser la pleine conscience et de la transmettre efficacement. Le potentiel transformationnel de la pleine conscience dans le coaching n'est rien de moins qu'extraordinaire, et vaut l'effort d'élever sa pratique pour en faire profiter ses clients.

Chapitre 6
Gérer votre pratique de coaching.

Créer votre entreprise de coaching

Lancer votre propre entreprise de coaching est une entreprise passionnante. Lorsque vous décidez de prendre ce chemin, vous vous engagez à faire une différence dans la vie des autres tout en poursuivant votre passion. Cependant, il faut plus qu'un désir sincère pour réussir en tant que coach de vie ; la création d'une entreprise implique également de la planification, de l'organisation et une stratégie solide.

Au départ, il est crucial de définir clairement votre proposition de valeur. Qu'est-ce que vous offrez que d'autres coachs de vie ne font pas ? Quel est votre domaine d'expertise ? Quel type de clientèle ciblez-vous ? Ces questions sont essentielles pour développer une mission et une vision pour votre entreprise de coaching. Elles vous aideront également à créer un message de marque cohérent qui resonnera avec vos clients potentiels.

Une fois que vous avez une idée claire de qui vous êtes en tant que coach et de ce que vous voulez réaliser, il est temps de planifier les aspects pratiques de la création de votre entreprise. Cela comprend des éléments tels que le choix d'un nom d'entreprise, l'obtention de l'enregistrement et des licences appropriés, l'élaboration d'un plan d'affaires, l'établissement d'un mode de tarification et l'ouverture d'un compte bancaire professionnel. Il est fortement recommandé de consulter des professionnels tels que des avocats et des comptables au cours de cette phase pour s'assurer que vous respectez toutes les exigences légales et fiscales.

Parallèlement, il est essentiel d'investir du temps et de l'énergie dans la création de votre présence en ligne. Cela comprend la conception d'un site web professionnel et attrayant, la création de comptes sur les réseaux sociaux pertinents, et le développement d'un plan de marketing numérique. En effet, dans le monde actuel, avoir une présence en ligne solide est non seulement un moyen efficace d'atteindre votre public cible, mais c'est aussi une nécessité pour toute entreprise.

Le démarrage de votre entreprise de coaching nécessite également une réflexion sur les outils que vous utiliserez pour le coaching lui-même. Par exemple, vous aurez besoin de méthodes pour maintenir des dossiers de vos sessions de coaching, de moyens de fixer des objectifs et de faire un suivi avec vos clients, et de formes d'évaluation pour mesurer le progrès. À cette fin, vous pouvez envisager d'investir dans des logiciels ou des applications de gestion du coaching.

Enfin, en démarrant votre entreprise de coaching, n'oubliez pas que la patience est une vertu. Le succès n'arrive pas du jour au lendemain. Pour construire une réputation et développer une clientèle, vous devez être prêt à investir du temps et des efforts. Cependant, avec de la détermination, de la passion et une stratégie solide, vous pouvez créer une entreprise de coaching prospère qui a un impact positif sur la vie de nombreuses personnes.

En résumé, la création de votre entreprise de coaching est un voyage passionnant qui nécessite une planification, une stratégie et une patience minutieuses. Avec le bon état d'esprit et une approche stratégique, vous pouvez transformer votre passion pour le coaching en une entreprise florissante.

Stratégies de marketing pour les coachs

Dans le domaine du coaching de vie, la promotion de votre pratique est tout aussi essentielle que votre compétence à aider autrui. L'univers du coaching est hautement concurrentiel et se faire remarquer peut être un défi. Il s'agit donc d'établir une stratégie de marketing qui résonnera avec votre public cible et mettra en évidence ce qui vous distingue en tant que coach.

Avoir une présence en ligne est fondamental pour tout coach de vie. Un site internet professionnel est le minimum requis pour promouvoir efficacement votre pratique. Il s'agit de votre vitrine et il doit refléter l'essence de qui vous êtes en tant que coach. Ce site web doit contenir des informations sur vos qualifications, votre spécificité, les services que vous proposez et, surtout, il doit montrer clairement comment et pourquoi vous pouvez aider vos clients potentiels. Optez pour un design clair et épuré qui facilite la navigation des visiteurs.

Les médias sociaux sont un autre outil pratique pour promouvoir votre pratique de coaching. Ils vous permettent d'interagir directement avec des clients potentiels, de partager des témoignages de clients satisfaits et de diffuser du contenu utile.

L'utilisation stratégique des médias sociaux permet de positionner votre marque et d'être vu comme un expert dans votre domaine. C'est également une plateforme idéale pour partager des informations sur vos services, ateliers ou événements.

Le marketing de contenu est également crucial pour tout coach. Cela implique de créer et de partager du contenu précieux, pertinent et cohérent pour susciter l'intérêt de votre public cible et le positionner comme une ressource inestimable. Il serait bon de tenir un blog régulier, de créer des infographies ou même de réaliser des podcasts. Le but est de fournir une valeur ajoutée qui générera de l'intérêt et établira une relation de confiance avec votre public.

Bien que le monde numérique offre de nombreuses possibilités, ne sous-estimez pas le pouvoir du marketing hors ligne. Participer à des conférences, organiser des ateliers ou des séminaires, être présent à des rencontres locales, et réseauter peut avoir un impact significatif. Cela permet non seulement de gagner en visibilité, mais aussi de créer des relations personnelles significatives qui peuvent se transformer en références.

Finalement, une autre stratégie marketing essentielle consiste à être actif dans des groupes et des forums de discussion liés au développement personnel et au coaching de vie. En donnant des conseils et en partageant vos connaissances, vous démontrez votre expertise et attirez naturellement l'attention de ceux qui pourraient être intéressés par vos services.

Il est aussi important de se rappeler que le marketing effectif ne consiste pas à être le plus bruyant, mais à délivrer le message le plus convaincant. Il est essentiel de comprendre les besoins, les désirs et les défis de vos clients potentiels afin d'aligner votre message et vos services avec ce qu'ils cherchent.

Une campagne marketing bien pensée et cohérente peut faire toute la différence entre avoir une pratique de coaching prospère et lutter pour trouver des clients. Adoptez une combinaison de techniques en ligne et hors ligne, soyez cohérent et patient et assurez-vous que chaque initiative que vous prenez est conçue pour ajouter de la valeur à votre public.

Définir vos tarifs

Définir vos tarifs en tant que coach de vie est une étape cruciale dans l'établissement de votre pratique de coaching. Pour commencer, il est nécessaire de comprendre la nature nuancée de la tarification du coaching de vie. Les tarifs ne doivent pas uniquement refléter le temps passé avec le client, mais doivent également tenir compte de votre propre temps de préparation, de la qualité de l'information que vous transmettez, ainsi que de l'impact que vous allez avoir sur la vie de votre client.

Ne soyez pas trop pressé de fixer vos tarifs; faites d'abord quelques recherches. Prenez en compte les tarifs pratiqués dans votre zone géographique, votre niveau d'expérience et les services que vous proposez. C'est en maniant cet équilibre délicat que vous parviendrez à fixer une tarification qui vous semble juste pour les services fournis, tout en attirant un large éventail de clients.

De plus, il est également important d'être conscient de la valeur de ce que vous offrez. Il n'est pas sage de sous-évaluer vos services, car cela peut paradoxalement avoir un impact négatif sur la perception des clients quant à la qualité de votre travail. Au contraire, gardez à l'esprit que vos clients ne paient pas seulement pour le coaching lui-même, ils investissent dans le changement et la transformation personnelle, ce qui a une valeur incommensurable.

Lorsque vous définissez vos tarifs, assurez-vous qu'ils sont transparents et clairement définis. Cela facilitera la démarche de vos clients lorsqu'ils envisagent d'engager vos services. Il peut être utile de proposer différents packages pour répondre aux différents besoins de vos clients. Certains peuvent préférer un forfait de coaching intensif sur une courte période, tandis que d'autres peuvent privilégier des sessions réparties sur une plus longue durée.

Une fois que vous avez défini vos tarifs, il est impératif de les revoir régulièrement. Vous devriez faire cela une fois par an ou plus fréquemment si vous le jugez nécessaire. Cela vous aidera à vous assurer que vos tarifs reflètent toujours la valeur de vos services et vous aident à faire évoluer votre entreprise de coaching. De plus, n'oubliez pas d'informer vos clients existants à l'avance de toute modification de prix. Cela leur montrera que vous respectez leur temps et leur investissement, et cela augmentera la confiance qu'ils ont en vous en tant que professionnel.

Enfin, rappelez-vous que tout le monde ne pourra pas se permettre vos services. C'est pourquoi il peut être utile d'offrir une gamme de prix pour vos services de coaching de vie, peut-être basée sur des sessions en groupe ou des consultations en ligne, pour rendre vos services accessibles à un public plus large. Cela n'entrave en rien la qualité du service que vous offrez. Cela permet simplement à ceux qui ne peuvent pas se permettre les consultations individuelles d'avoir également accès à votre aide et votre expertise.

En résumé, définir vos tarifs en tant que coach de vie peut sembler une tâche ardue, mais il s'agit d'un aspect essentiel de votre pratique professionnelle. En gardant à l'esprit ces différents conseils, vous serez en mesure de fixer des tarifs qui reflètent à la fois la qualité de vos services et l'impact que vous aurez sur la vie de vos clients.

Gestion des clients et des cas difficiles

La gestion des clients et des cas difficiles est une dimension essentielle pour tout coach de vie ambitieux. Son aptitude à s'efforcer de rendre les choses plus faciles pour ses clients, surtout ceux confrontés à des situations délicates, détermine notamment sa compétence comme coach.

En tant que coach de vie, chaque client est unique et c'est cet aspect que vous devez toujours garder à l'esprit. Vous travaillerez avec une diversité de personnalités qui viennent à vous avec un ensemble distinct d'objectifs, de rêves, de craintes et de blocages. La première étape pour gérer efficacement vos clients consiste à comprendre cette singularité. Discernez leurs particularités, mais aussi leur langage, leurs aptitudes sociales, leurs défis de développement personnel afin d'élaborer une stratégie adaptée.

Dans le monde du coaching, vous rencontrerez inévitablement des cas difficiles. Il peut s'agir de clients réticents au changement, de ceux qui ont des attentes irréalistes ou, plus délicatement, de clients qui peuvent présenter des problèmes de santé mentale. Face à ces cas, il est primordial de ne pas paniquer. Réagissez avec empathie, patience et professionnalisme. Vous devez maintenir une posture sereine et soutenante et éviter de vous laisser submerger par vos émotions.

Dans le processus de coaching, l'écoute active s'avère être un outil indispensable. Elle vous aidera non seulement à cerner clairement la problématique de vos clients, mais leur montrera également que vous êtes pleinement engagé dans leur cheminement vers le changement. Lorsque vous écoutez, évitez les jugements hâtifs. Cela permet d'établir un environnement de confiance où le client se sent à l'aise pour exprimer ses vérités, même les plus inconfortables.

Ensuite, gérer les clients et les cas difficiles requiert également un objectif clair. Votre client doit avoir une vision précise de ce qu'il veut atteindre. Si cela n'est pas le cas, votre rôle est de l'aider à définir cet objectif. Une définition claire des objectifs permettra à votre client de mieux comprendre ce qu'il doit faire, quel chemin prendre et comment gérer au mieux les obstacles rencontrés.

Tout coach de vie doit savoir comment conclure et terminer une relation de coaching. Il n'est pas toujours facile, cependant, c'est une étape incontournable et importante dans la gestion des clients. Vous devez aider votre client à gagner en autonomie et se sentir prêt à opérer seul. C'est un signe indéniable que votre accompagnement a porté ses fruits.

Enfin, il est important de comprendre vos limites en tant que coach. Il peut être nécessaire de diriger certains clients vers d'autres professionnels, notamment lorsque vous identifiez des problèmes de santé mentale. À ces moments-là, votre rôle consiste à accompagner votre client vers la bonne personne tout en veillant à respecter sa dignité et sa confidentialité.

En définitive, gérer les clients et les cas difficiles en tant que coach de vie nécessite de la flexibilité, de la patience, de l'empathie et un grand sens du professionnalisme. Chaque client est une nouvelle aventure qui, malgré les difficultés qui peuvent surgir, offre l'opportunité d'apporter une contribution significative à la vie d'une personne.

Chapitre 7
Utiliser la technologie dans le coaching.

Outils numériques pour les coachs

Dans notre monde technologique en constante évolution, il est primordial pour un coach de vie non seulement de rester à jour, mais aussi d'utiliser activement la technologie pour offrir ses services de manière plus efficace. Comprendre et intégrer dès maintenant les outils numériques dans votre méthode de coaching sera un investissement durable, rendant possible le déploiement à grande échelle de votre pratique de coaching.

L'un des outils numériques cruciaux pour un coach de vie est la communication à distance. L'Internet offre des possibilités presque infinies pour communiquer avec les clients n'importe où dans le monde. Cela permet d'étendre la portée de votre activité au-delà de votre région immédiate et d'offrir vos services à un public plus large. Les plateformes telles que Zoom ou Skype sont particulièrement utiles pour tenir des sessions de coaching individuelles, tout en offrant un environnement convivial et personnalisé. Les connexions virtuelles vous permettent également de maintenir le contact avec vos clients entre les sessions, par le biais d'e-mails ou de messageries instantanées.

En parallèle, les logiciels de gestion de rendez-vous tels que Calendly ou ScheduleOnce peuvent révolutionner votre organisation interne en automatisant le processus de prise de rendez-vous. Ils offrent un moyen pratique pour vos clients de voir votre emploi du temps, de réserver une session ou de modifier un rendez-vous existant. Ces outils numériques libèrent un temps précieux, temps que vous pouvez consacrer à vos clients ou à la croissance de votre activité.

Sous un angle plus pédagogique, de nombreuses applications ou plateformes d'e-learning, comme Teachable ou Podia, permettent aux coachs de créer et de vendre leurs propres programmes de formation en ligne. Ces formations peuvent être un complément pertinents à vos sessions de coaching, offrant à vos clients des ressources et des exercices qu'ils peuvent travailler de leur propre côté.

Enfin, bien exploiter les réseaux sociaux et le marketing en ligne peut amplifier votre visibilité. Les réseaux sociaux, tels que Facebook, LinkedIn, Instagram ou Twitter, sont des outils puissants pour atteindre un public plus large, partager vos connaissances et attirer de nouveaux clients. De plus, la gestion d'un blog ou l'utilisation stratégique de la publicité en ligne, comme Google Ads, peuvent être des méthodes efficaces pour améliorer votre présence en ligne.

Évidemment, utiliser correctement ces outils numériques nécessite du temps et des efforts. Cependant, les bénéfices seraient multiples : une activité étendue à une plus large audience, une organisation interne optimisée, une proposition de valeur enrichie grâce aux formations et un meilleur rayonnement sur le web. Bien que ces outils ne remplacent pas votre expérience, votre savoir-faire de coach, ils seront sans aucun doute un soutien précieux pour votre réussite.

Coaching à distance et ses défis

Dans le domaine en constante expansion du coaching de vie, l'ère technologique offre de nouvelles opportunités incroyables mais aussi de nouveaux défis. Tout particulièrement, le coaching à distance est devenu une tendance majeure offrant flexibilité et commodité tant pour le coach que pour le client.

Cependant, aussi prometteuses que soient ces nouvelles frontières digitales, elles comportent aussi leurs propres difficultés. L'une des premières barrières peut être l'appréhension de la technologie. Même en ce XXIème siècle, tout le monde n'est pas technophile. Devenir un coach à distance efficace implique d'adopter divers outils technologiques tels que les appels vidéo, les webinaires, les applications de coaching et même les réseaux sociaux. Cela peut sembler écrasant pour ceux qui ne sont pas familiers avec ces plateformes. C'est pourquoi il est crucial pour tout coach aspirant à se familiariser avec ces outils et à se sentir à l'aise pour les utiliser.

L'aspect impersonnel que peut parfois avoir le coaching à distance constitue également un défi majeur. La relation face à face permet une connexion plus profonde, une compréhension plus subtile des émotions et des expressions non verbales des clients. C'est pourquoi, durant les sessions de coaching à distance, il est primordial de compenser ce manque par une communication ouverte, explicite et empathique. Il est important de prendre le temps de créer un espace sécurisé et confortable pour le client, et de véritablement écouter et comprendre ses besoins.

N'oublions pas le risque de solitude que peut ressentir le coach en travaillant à distance. Alors que le coaching face à face offre un certain niveau d'interaction sociale, le coaching à distance peut, parfois, donner l'impression d'isolement. Un bon moyen de combattre cette solitude pourrait être de construire une communauté de coaches en ligne pour partager des expériences, obtenir des conseils et simplement se sentir connecté à d'autres professionnels du même domaine.

La confidentialité et la sécurité sont également des préoccupations majeures. Toutes les informations échangées entre le coach et le client doivent être strictement confidentielles. C'est pourquoi il est essentiel pour les coaches à distance de s'assurer qu'ils utilisent des plateformes sécurisées pour leurs sessions.

En somme, le passage du coaching en personne au coaching à distance peut sembler intimidant. Cependant, en embrassant la technologie, en cultivant des compétences de communication solides, en construisant un réseau de soutien et en prenant des précautions pour assurer la confidentialité et la sécurité, les coaches peuvent surmonter ces défis et apporter une valeur immense à leurs clients, quel que soit l'endroit où ils se trouvent.

Maintenir l'engagement client en ligne

Dans notre ère actuelle où les technologies sont omniprésentes, le coaching de vie n'est pas épargné par cette révolution numérique. Chaque coach se doit de savoir l'appréhender afin de fidéliser son audience et de maintenir l'engagement de ses clients en ligne.

Pour cela, la première étape consiste à comprendre que les séances de coaching ne doivent pas uniquement se dérouler dans un espace physique. Les outils du web offrent aujourd'hui de nombreuses possibilités en termes d'interactions à distance. Les séances de coaching individuelles, par exemple, peuvent être organisées via des appels vidéo. Ces rencontres numériques peuvent s'avérer tout aussi enrichissantes, voire plus, que des rencontres en personne. Elles permettent notamment de surmonter la barrière géographique et offre une plus grande flexibilité au coach et à son client.

Cependant, il ne suffit pas de déplacer les séances de vie en ligne pour réussir à maintenir l'engagement des clients. Il faut aussi repenser le mode de communication. Il est essentiel de créer un climat de proximité et de confiance, malgré la distance. Le coach doit apprendre à utiliser tous les outils de communication à sa disposition pour rendre sa présence aussi tangible que lors de rencontres en face à face. Cela peut passer par une plus grande attention portée à sa façon de parler, son langage corporel, sa gestuelle et son écoute, mais aussi par l'utilisation d'outils collaboratifs qui permettent d'échanger, de partager des documents ou de co-créer à distance.

Mais le défi majeur de l'engagement en ligne réside dans l'art de garder l'attention du client au milieu du tumulte de la vie numérique. C'est pourquoi le coach doit diversifier ses approches et rendre ses séances interactives, ludiques et uniques. Il peut, par exemple, proposer des quiz, des jeux interactifs, ou encore des formats de séances innovants. Aussi, il est essentiel d'adapter ses séances à chaque client, de les personnaliser et de les rythmer en fonction des besoins et des attentes de chacun.

Enfin, maintenir l'engagement du client en ligne nécessite une attention particulière aux suivis entre les séances. Qui dit coaching en ligne, dit également disponibilité et réactivité accrue. Afin de ne pas laisser le client dans le vide entre deux sessions, il convient de le solliciter régulièrement, lui proposer des défis, des exercices, ou simplement prendre de ses nouvelles. Cela permet de le sentir accompagné, soutenu, et ainsi, maintenir son engagement.

En somme, si le coaching en ligne offre de nouvelles opportunités, il requiert également de repenser sa méthodologie pour adapter son offre à ce nouvel environnement. En travaillant la qualité de ses interactions en ligne, en personnaliser les interventions et en portant une attention particulière au suivi, le coach arrivera à maintenir l'engagement de ses clients.

Utiliser les médias sociaux pour le développement professionnel

Dans le monde de plus en plus digitalisé d'aujourd'hui, il est pertinent pour un coach de vie d'envisager d'utiliser les médias sociaux comme outil de développement professionnel. Les médias sociaux offrent un véhicule efficace pour atteindre une base de clients plus large, partager les connaissances et les expériences, et établir la crédibilité.

Premièrement, l'intégration des médias sociaux dans votre pratique professionnelle vous permet de toucher un public au-delà de votre zone géographique immédiate. Aucune frontière n'entrave le potentiel du numérique, le rendant idéal pour les coachs de vie qui visent à accroître leur clientèle ou à toucher des personnes dans des domaines distincts. En créant un profil solide sur les réseaux sociaux, en partageant des pensées inspirantes et des conseils d'expertise, et en interagissant de manière authentique avec votre public, vous pouvez étendre votre portée et faire savoir au monde ce que vous avez à offrir.

Ensuite, les médias sociaux offrent une plateforme d'échange d'informations et d'expériences. En tant que coach de vie, vous avez une mine de connaissances et de perspectives qui pourraient bénéficier à un large public. La publication régulière de contenus pertinents, que ce soit des articles de blog, des vidéos d'instruction, des webinaires, améliore votre visibilité et montre votre engagement envers le développement personnel.

De plus, l'utilisation des médias sociaux renforce votre crédibilité en tant que coach de vie. Sur ces plateformes, vous avez l'opportunité de mettre en valeur vos qualifications, de partager des témoignages de clients satisfaits et de démontrer votre compétence à travers des discussions en ligne. Ainsi, lorsqu'un client potentiel vous cherche en ligne, il peut rapidement constater que vous êtes bien formé, respecté et qualifié, ce qui donne confiance pour s'engager dans une relation de coaching.

Néanmoins, pour que les médias sociaux soient utilisés efficacement, il est crucial de garder à l'esprit que chaque plateforme sociale a ses propres caractéristiques et public. Il serait donc préférable de choisir les plateformes qui correspondent le mieux à votre style de coaching, à votre public cible et à vos objectifs. De plus, la cohérence est essentielle dans le paysage numérique en constante évolution. Établir un calendrier de publication régulier, répondre rapidement aux commentaires des utilisateurs et maintenir un ton de discours authentique et positif vous aideront à maintenir l'intérêt de vos followers et à développer des relations significatives.

En résumé, les médias sociaux représentent un outil puissant pour le développement professionnel des coachs de vie. Ils amplifient la visibilité, renforcent la crédibilité et favorisent le partage de connaissances. Néanmoins, une utilisation réfléchie et consciente de chaque plateforme est recommandée pour maximiser vos bénéfices et minimiser les risques potentiels. En fin de compte, le but est de soutenir votre mission de développer des vies plus enrichissantes.

Chapitre 8
Construire votre réputation de coach.

Networking efficace

Dans le monde du coaching de vie, le réseautage, aussi connu sous le nom de "networking", est souvent considéré comme un art en soi. C'est un processus dynamique qui demande constamment du temps, des compétences, et souvent, une certaine audace. C'est un véritable levier pour renforcer votre réputation en tant que coach de vie.

Pour commencer, il est déterminant de considérer le networking non pas comme une transaction, mais comme une occasion de tisser des liens, d'apprendre, de partager et de collaborer. Il est essentiel de construire des relations sur le long terme, basées sur le respect, la confiance et l'intérêt mutuel. L'idée n'est pas d'aborder les contacts uniquement lorsque vous avez besoin d'eux, mais de cultiver une relation authentique avec eux tout au long de l'année.

Aussi, concentrez-vous davantage sur ce que vous pouvez offrir aux autres plutôt que sur ce que vous pouvez obtenir d'eux. En vous positionnant comme une ressource précieuse pour votre réseau, en démontrant votre expertise et en partageant généreusement vos connaissances et vos ressources, vous renforcerez votre réputation et gagnerez le respect de votre communauté.

La valeur du networking se trouve également dans son aspect pluridimensionnel. Les relations ne devraient pas se limiter à des pairs ou à des clients potentiels. Elargissez votre champ de vision et tentez de vous connecter avec des gens différents, venant de divers horizons. Le réseautage n'est pas seulement une affaire de chiffres, c'est aussi une exploration de la diversité et une ouverture à la nouveauté.

La communication est un autre élément crucial. Lorsque vous interagissez avec votre réseau, soyez clair, concis et respectueux. Évitez le jargon lorsque c'est possible et soyez à l'écoute. Le networking n'est pas un monologue, mais une conversation bidirectionnelle. C'est un échange où chaque partie doit se sentir entendue et valorisée.

Faites également preuve d'empathie. Montrer un véritable intérêt pour les autres, comprendre leurs besoins et leurs préoccupations, permet de créer des connexions plus profondes et significatives.

N'hésitez pas à vous montrer disponible pour aider d'autres personnes dans votre réseau lorsque vous le pouvez.

Les réseaux sociaux sont également un outil précieux pour le networking. Ils vous permettent d'étendre votre portée et d'atteindre des personnes que vous n'auriez jamais pu rencontrer autrement. Que ce soit par le biais de messages privés, de groupes ou de commentaires sur les publications, il existe de nombreux moyens de communiquer et d'établir des relations en ligne. Assurez-vous toutefois de ne pas négliger les rencontres en personne, qui reste un moyen privilégié d'établir des liens forts.

Enfin, le réseautage requiert de la patience et de la persévérance. C'est un processus à long terme qui ne porte pas ses fruits du jour au lendemain. Pourtant, avec le temps, le dévouement et un esprit ouvert, le networking peut devenir l'une des armes les plus puissantes de votre arsenal de coach de vie. Vous élargirez votre horizon, gagnerez en visibilité et en crédibilité, et deviendrez une référence incontournable dans votre domaine.

Participer à des conférences et des workshops

Participer à des conférences et des ateliers est une manière excellente de construire sa réputation en tant que coach de vie. Les événements professionnels, comme les conférences, permettent aux coaches de vie non seulement de se familiariser avec les dernières tendances et techniques dans le domaine du coaching, mais aussi de rencontrer de potentiels clients et de se faire connaître dans l'industrie du coaching. L'apprentissage ne devrait jamais cesser, et ces occasions offrent l'opportunité d'apprendre de l'expérience d'autrui et d'améliorer ses propres compétences et connaissances.

Les conférences et ateliers sont d'un intérêt particulier pour les nouveaux coaches de vie, car ils présentent souvent des présentations et des sessions conçues spécifiquement pour ceux qui font leurs premiers pas dans l'industrie. Ces événements peuvent inclure des sessions sur comment définir son créneau spécifique, établir des tarifs compétitifs, construire sa marque personnelle, et comment se vendre efficacement. La présence à ces réunions est également une excellente occasion de réseauter avec d'autres professionnels du domaine et de créer des collaborations qui seront bénéfiques pour votre parcours.

Il est important de ne pas traiter ces événements simplement comme une obligation, mais de les percevoir comme des opportunités excitantes pour progresser dans votre carrière. Chaque conférence à laquelle vous assistez, chaque atelier auquel vous participez est une chance de vous faire connaître, de rencontrer des personnes qui pourraient potentiellement devenir vos clients, ou de trouver des mentors ou des collaborateurs.

En dehors de la participation active, vous pouvez également envisager de donner des conférences et des ateliers vous-même. Bien que cela puisse sembler intimidant, cela vous positionne en tant qu'expert dans votre domaine et peut vous aider à gagner la confiance des participants. Si vous avez développé une compétence ou une expertise spécifique, songez à partager ces connaissances avec d'autres lors d'un atelier ou d'une conférence. D'autant plus que cela peut également attirer l'attention des médias, ce qui peut améliorer votre visibilité.

Enfin, ne négligez pas l'aspect social de ces événements. N'oubliez pas de prendre le temps de discuter avec les autres participants, de faire connaissance et d'échanger des cartes de visite. Vous ne savez jamais où et quand se présentera l'occasion d'acquérir un nouveau client ou de créer une relation commerciale.

En conclusion, la participation à des conférences et des ateliers est une stratégie multi-bénéfique pour toute personne cherchant à se construire une réputation en tant que coach de vie. Les connaissances acquises, les relations établies et la visibilité obtenue par le biais de ces activités peuvent vraiment propulser votre carrière vers de nouveaux sommets. Alors, n'hésitez pas à investir du temps et de l'énergie dans la participation à ces événements; vous y gagnerez à long terme.

Publier des articles et des livres

Au sein de notre périple pour devenir un coach de vie émérite, nous déplorons un aspect souvent négligé mais non moins crucial : la publication d'articles et de livres. En effet, cela peut sembler quelque peu accablant et peut-être même inutile, surtout quand on vient de commencer dans cette carrière, mais laissez-moi dissiper vos doutes.

Je tiens d'abord à préciser que publier des articles et des livres va au-delà de la simple démonstration de votre expertise. Il s'agit d'une plate-forme pour partager et exprimer votre vision, votre éthique et vos méthodes. Votre voix, l'essence même de votre approche en tant que coach de vie, devient tangible et atteignable pour un public plus large. C'est un moyen considérablement efficace de susciter de l'intérêt, de l'engagement et, finalement, d'attirer plus de clients.

Pour commencer, il est essentiel de choisir les sujets qui résonnent le plus avec votre philosophie de coaching. Pensez à ce que vous voudriez transmettre à votre clientèle idéale et tentez de répondre à leurs problématiques essentielles. Concoctez des articles judicieusement sur ces sujets, et n'hésitez pas à partager vos leçons personnelles, vos échecs et vos réussites. Votre authenticité sera votre plus grande force. Rappelez-vous, votre authenticité est ce qui vous distingue des autres coachs de vie.

L'écriture de livres, en revanche, demande plus d'engagement et d'efforts. Ce n'est pas un projet que l'on peut réaliser à la hâte. Toutefois, avoir un livre publié à votre actif est un atout précieux dans votre quête pour la reconnaissance et l'autorité. Il sert non seulement de carte de visite impressionnante, mais aussi d'un hymne témoignant de votre dévouement à votre métier.

En outre, vos articles et vos livres peuvent servir de base pour des ateliers, des événements et des conférences. Ces rassemblements en face à face sont des endroits idéaux pour attirer des prospects, établir des relations et obtenir une visibilité. De plus, ils peuvent être transformés en webinaires ou en formations en ligne pour atteindre une audience internationale.

Pour conclure, la publication d'articles et de livres ne devrait pas être vue comme une corvée ou une simple case à cocher dans votre liste d'efforts pour devenir un coach de vie reconnu. Au contraire, c'est une occasion d'être entendu, de construire votre marque personnelle et d'éduquer les gens sur l'importance et la pertinence du coaching de vie. En effet, si vous investissez du temps, de l'énergie et de la passion dans cette entreprise essentielle, vous vous placerez fermement sur la voie du succès et de la reconnaissance dans le domaine du coaching de vie.

Collecter et utiliser les témoignages de clients

Collecter et utiliser les témoignages de clients est une étape majeure dans la construction de votre réputation en tant que coach de vie. C'est pendant cette phase que vous obtenez l'opportunité de célébrer vos victoires avec vos clients et de pair, ils vous offrent une chance d'améliorer votre impact. Ainsi, collecter des témoignages n'est pas juste un processus transactionnel ; chaque témoignage est une histoire racontée à travers les yeux d'un client épanoui.

En tant que coach de vie, vous ne vendez pas des produits, vous proposez une transformation. Cette transformation est plus difficile à quantifier, d'où l'importance des témoignages de clients. Ils permettent de donner de la crédibilité à votre travail et de prouver aux clients potentiels que l'expérience offerte vaut la peine d'être vécue. Non seulement ça, mais la philosophie de coaching est de créer un espace pour la croissance personnelle - alors quoi de mieux que de le prouver avec des mots personnels de vos clients?

Aborder le sujet des témoignages peut sembler compliqué. Cependant, il est important de ne pas négliger cet aspect de votre activité de coaching. Commencez simplement par demander. Vous serez surpris du nombre de clients qui se feront un plaisir de partager leurs expériences. Proposez-leur un formulaire à remplir ou organisez une petite interview. Il est probable que vos clients se sentent honorés que vous valorisiez leur opinion. Ayez une conversation ouverte et honnête avec eux : demandez ce qui leur a plu, ce qu'ils ont appris, comment ils se sentent maintenant. Cela peut prendre du temps, mais la qualité des informations recueillies en vaut la peine.

Un autre point crucial est de savoir comment utiliser ces témoignages de clients. La première chose à faire est de les rendre publics. Vos clients actuels et futurs doivent voir que d'autres personnes ont bénéficié de votre coaching. Publiez-les sur votre site web, sur vos réseaux sociaux ou dans vos communications par email. Cela renforce votre crédibilité en tant que coach et donne de la substance à vos offres de service.

Néanmoins, le processus ne s'arrête pas là. L'utilisation des témoignages n'est pas seulement un outil de marketing, mais aussi un moyen de vous améliorer continuellement en tant que coach. Prenez le temps de lire chaque témoignage, de comprendre les défis auxquels vos clients ont été confrontés et comment ils ont réussi à surmonter ces obstacles grâce à votre coaching. C'est une voie vers une compréhension plus profonde de votre métier, qui, à son tour, vous permettra de proposer un accompagnement toujours plus pertinent et efficace à vos clients.

Collecter et utiliser les témoignages de clients est donc un processus réfléchi, essentiel pour devenir un excellent coach de vie. Il faut du temps et de l'effort, mais la récompense, une réputation solide et un service de coaching amélioré, est inestimable. En fin de compte, ce sont vos clients qui vous rendront ce que vous leur avez donné, sous la forme d'une reconnaissance sincère de la valeur de votre coaching. C'est l'idée même du coaching :

donner pour recevoir, contribuer pour apprendre.

Chapitre 9
Évaluer et améliorer votre impact.

Mesurer le succès de vos interventions

Mesurer le succès de vos interventions est une partie cruciale du travail de coach de vie. Il s'agit de l'axe central qui permet de déterminer votre impact et, plus important encore, votre évolution et progrès dans l'art du coaching.

Au cœur de votre métier de coach de vie, il y a une correspondance étroite entre vos objectifs et ceux de vos clients. Vous les amenez à travailler sur des objectifs mutuellement définis, et votre succès est intimement lié à leur réussite. Ainsi, le véritable baromètre de votre succès réside dans la mesure des progrès accomplis par vos clients. C'est à travers l'atteinte de leurs objectifs que vous pouvez évaluer l'efficacité de vos interventions.

Soyez méticuleux et précis dans le suivi des avancements de vos clients. Ils sont le reflet évident de votre impact en tant que coach de vie. Réalisez des suivis réguliers avec vos clients, vérifiant leur progrès et vous assurant qu'ils sont sur la voie de réaliser leurs objectifs. Ces mises au point régulières sont des occasions précieuses pour évaluer votre impact et l'efficacité de vos stratégies de coaching.

Au-delà des progrès tangibles de vos clients, vous pouvez mesurer le succès de vos interventions à travers la satisfaction de vos clients. Leur satisfaction implique qu'ils trouvent de la valeur dans votre travail et qu'ils sont prêts à continuer à investir dans leur développement à travers votre coaching. Offrez-leur l'opportunité de partager leurs retours et de faire part de leur satisfaction. L'importance de la communication ouverte et transparente avec vos clients ne doit pas être sous-estimée ici.

Tout ce processus d'évaluation de vos interventions en tant que coach de vie n'a pas seulement pour but de mesurer votre succès, mais aussi de vous donner des indices sur les domaines d'amélioration. C'est une occasion d'apprendre, de s'introspecter et de vous améliorer constamment. Comme votre objectif est d'aider vos clients à atteindre le leur, il est crucial que vous soyez vous-même dans une démarche constante de développement et de perfectionnement.

L'examen régulier et détaillé de votre travail, à

travers l'analyse des progrès de vos clients notamment, vous permet de repérer les lacunes, d'affiner vos techniques et d'améliorer votre approche. Chaque intervention, chaque client, chaque interaction vous offre l'opportunité d'apprécier le succès de vos interventions, mais aussi de chercher à vous surpasser.

En fin de compte, mesurer le succès de vos interventions en tant que coach de vie est une tâche qui va bien au-delà de simples chiffres ou objectifs atteints. C'est une compréhension profonde de l'impact que vous avez sur la vie des autres, et une constante aspirant à devenir meilleur pour servir au mieux vos clients. L'ultime mesure de votre succès sera la transformation positive que vous parvenez à instaurer dans la vie de vos clients et la satisfaction que cela leur procure.

Feedbacks et ajustements continus

Dans le métier de coach de vie, l'importance de donner et de recevoir des retours d'expérience ne peut être sous-estimée. Les feedbacks, qu'ils soient positifs ou négatifs, constituent un atout précieux pour le développement et l'évolution constants. Ils permettent d'encourager l'amélioration continue de soi, tout en nourrissant une meilleure adaptabilité.

Comprendre l'incidence de vos actions et de vos mots sur la vie de vos clients est fondamental. Cela nécessite de faire preuve d'introspection et d'objectivité, aussi difficile que cela puisse être parfois. En tant que coach, votre objectif n'est pas seulement de gérer la vie de vos clients, mais aussi de gérer vos émotions et vos réactions face à leurs affaires. En fin de compte, cette objectivité vous aidera à créer un espace sûr pour vos clients, où ils pourront exprimer librement leurs pensées, leurs sentiments et leurs préoccupations.

Pour mieux évaluer votre impact, il est conseillé de demander régulièrement des feedbacks à vos clients. Ces informations précieuses vous donneront un aperçu de ce qui fonctionne dans votre approche et de ce qui pourrait être amélioré. Alors, prenez le temps d'écouter et respectez ce que vos clients ont à dire sur leur expérience. Vous pouvez leur demander comment ils se sentent après chaque session, comment ils estiment avoir progressé et quels sont les aspects qu'ils pensent que vous pourriez améliorer.

Il est tout aussi crucial de donner du feedback aux clients. Cela les aidera à prendre conscience de leurs forces et de leurs faiblesses et les motivera à s'améliorer. Faites-le de manière constructive et respectueuse, en veillant à toujours encourager vos clients. Souvenez-vous que votre rôle est de les aider à croire en leurs capacités à surmonter les défis et à atteindre leurs objectifs.

Les retours d'expérience, qu'ils proviennent de vos clients ou soient destinés à ces derniers, doivent toujours conduire à des ajustements. Voir ces ajustements comme des opportunités de croissance plutôt que comme des échecs. Faites preuve de résilience face à la critique et utilisez-la pour affiner votre pratique. N'oubliez pas que vous êtes ici pour apprendre et évoluer en tant que coach de vie.

Au fur et à mesure que vous progressez dans votre carrière de coach de vie, il est important d'instaurer une pratique régulière de retour d'expérience et d'ajustements continus. C'est un investissement pour votre croissance personnelle et professionnelle qui apportera inévitablement une valeur ajoutée à votre pratique de coaching. En fin de compte, votre capacité à évaluer et à améliorer votre impact aidera non seulement à renforcer la confiance de vos clients dans votre praticabilité mais aussi à renforcer votre sens de l'auto-efficacité en tant que coach de vie.

Cas d'étude et analyses de résultats

Le chapitre "Cas d'études et analyses de résultats" est crucial pour évaluer et améliorer l'impact en tant que coach de vie. Il aborde l'importance de l'analyse des résultats obtenus avec les clients dans le passé, fournissant ainsi des informations précieuses pour améliorer les approches futures.

Pour illustrer ce point, nous allons prendre l'exemple d'un coach de vie expérimenté, Sandrine. Durant sa carrière, Sandrine a coaché plusieurs individus dans leurs chemins de vie - des jeunes adultes qui cherchent leur orientation professionnelle, aux personnes âgées qui veulent mener une vie plus active ou trouver de nouveaux défis après leur retraite.

Sandrine a toujours mis l'accent sur l'établissement d'objectifs clairs au début de chaque processus de coaching. Ces objectifs différaient d'un client à l'autre, selon leurs exigences et leurs attentes. Par exemple, un de ses clients, Paul, avait du mal à gérer son temps entre son travail et ses loisirs. L'objectif était donc de l'aider à trouver un équilibre entre sa carrière professionnelle et sa vie personnelle.

A la fin du processus de coaching, Sandrine a effectué une analyse de résultat approfondie avec Paul. Ils ont examiné ensemble la progression de Paul, les défis rencontrés et la manière dont ils les ont surmontés. Sandrine a également demandé à Paul de partager ses réflexions sur le processus de coaching, ce qui a été bénéfique ou moins, et comment il en avait tiré profit.

L'analyse des résultats a révélé des informations précieuses. Paul est parvenu à un meilleur équilibre vie-travail, mais Sandrine a découvert que les séances de coaching auraient pu être plus efficaces si elle avait introduit plus tôt des techniques de gestion du temps. Cette prise de conscience a conduit Sandrine à modifier son approche avec ses prochains clients, en introduisant plus tôt dans le processus des stratégies et des outils de gestion du temps.

Ce cas d'étude met en lumière l'importance de l'analyse des résultats dans le coaching de vie. Il nous montre comment elle peut aider à identifier les domaines d'amélioration pour le coach, apporter une plus grande valeur à ses clients et améliorer les résultats de son activité. Il nous enseigne que chaque client est un cas unique, une leçon d'apprentissage pour le coach qui doit sans cesse évoluer et se remettre en question, pour mieux répondre aux besoins de son public cible.

L'analyse des résultats, lorsqu'elle est menée de manière rigoureuse et réfléchie, peut agir comme un outil d'amélioration personnelle pour le coach. De plus, elle permet de renforcer la relation avec les clients, qui peuvent alors vraiment percevoir les bénéfices de leur investissement dans le coaching, ce qui, à terme, peut générer des références positives et améliorer la réputation du coach.

Pour conclure, les leçons tirées de l'analyse des résultats ne sont pas seulement bénéfiques pour le coach, mais aussi pour la profession elle-même, contribuant à la raffiner et à la perfectionner. En vérité, l'engagement à se former constamment, à évaluer et à améliorer son impact est ce qui fait d'une personne un excellent coach de vie.

Étendre votre influence

Dans le domaine du coaching de vie, l'extension de votre influence est un aspect incontournable pour enrichir votre pratique, améliorer le retour sur investissement de votre formation et renforcer votre visibilité. Le déploiement de votre impact se résume principalement à vos qualités interpersonnelles, au développement de vos compétences communicatives, à l'exploitation des outils numériques et à la synergie que vous créez autour de votre activité.

La première mesure à prendre pour accroître votre influence est de communiquer efficacement. En tant que coach de vie, votre rôle est d'assister vos clients à réaliser leurs objectifs personnels et à surmonter leurs problèmes. Cela nécessite une capacité à exprimer clairement vos pensées, à susciter la motivation et à encourager l'énergie positive. Cependant, la communication ne se limite pas à la parole, mais également à l'écoute active. Chaque personne est unique, et comprendre leur perspective est primordial pour identifier le meilleur moyen de les aider.

Parallèlement, dans ce monde numérisé, l'exploitation des outils digitaux s'avère être un levier percutant pour élargir votre influence. Créer un blog, partager votre philosophie de coaching sur les médias sociaux, ou proposer des webinaires sont d'excellents moyens de toucher un public plus large. Ces outils vous permettent de partager votre expertise, de promouvoir vos services et de créer une communauté autour de votre activité.

En outre, développer des partenariats et collaborations peut être une stratégie efficace d'extension d'influence. En collaborant avec d'autres professionnels, vous pouvez profiter d'une audience plus large, de ressources supplémentaires et bénéficier d'une crédibilité mutuelle. Il n'est pas nécessaire d'être en concurrence ; le partage, l'interdépendance et la collaboration sont souvent plus productifs.

Enfin, un élément clé pour élargir votre influence est d'apporter une valeur ajoutée à vos clients. Fournir un service de qualité, aider vos clients à accomplir des progrès significatifs et à atteindre leurs objectifs sont les meilleurs moyens de bâtir une réputation solide. Lorsque vos clients voient la valeur de votre travail, ils deviennent vos ambassadeurs, recommandant vos services à leur entourage.

En synthèse, l'extension de votre influence en tant que coach de vie est un processus multidimensionnel qui implique une communication efficace, l'exploitation des outils numériques, la création de partenariats, la collaboration et surtout, l'apport d'une valeur irréprochable à vos clients. Ces stratégies combinées élargissent votre rayon d'influence, augmentent votre visibilité et étendent l'impact de votre coaching. N'oubliez pas que chaque interaction compte, chaque personne que vous aidez est une opportunité pour élargir votre influence et apporter une transformation positive dans la vie des gens.

Chapitre 10
Planifier l'avenir de votre carrière de coach.

Anticiper les tendances du marché

Dans une industrie dynamique et en constante évolution comme le coaching de vie, anticiper les tendances du marché est une compétence essentielle pour planifier avec succès l'avenir de votre carrière. En étant proactif et en restant à jour sur les développements de l'industrie, vous pouvez vous positionner pour profiter des opportunités de croissance et éviter les obstacles potentiels.

La première étape pour anticiper les tendances du marché est de comprendre où va l'industrie du coaching de vie. Cela exige une approche à la fois inductive, c'est à dire l'observation attentive des tendances actuelles, et déductive, à travers la réflexion sur ce que ces tendances pourraient signifier pour l'avenir. La technologie, par exemple, joue un rôle toujours plus important dans notre vie quotidienne, et cela est également vrai dans le domaine du coaching. Les coaches qui peuvent développer leurs compétences en utilisant les technologies numériques pour améliorer l'expérience client seront mieux placés pour répondre aux attentes du marché.

Il est également important d'être conscient des aspirations changeantes de la société. Les matériaux de formation qui promouvaient le succès financier comme le paroxysme de l'accomplissement personnel peuvent ne pas résonner avec une nouvelle génération de clients plus intéressés par l'équilibre travail-vie personnelle et le bien-être général. En tant que coach de vie, être conscient de ce changement de préférence et ajuster son approche en conséquence peut être crucial pour rester pertinent.

Outre le suivi des tendances macro, un coach de vie prospère doit également s'engager dans une observation au niveau micro. Cela implique de rester en contact avec sa base de clients actuelle et potentielle, d'écouter leurs inquiétudes et leurs désirs, et de prêter attention à la façon dont ils perçoivent et réagissent à l'industrie du coaching. C'est en faisant cela que vous serez capable de comprendre les subtiles nuances de l'évolution des besoins et attentes des clients, qui sont souvent le moteur des tendances du marché.

Le dernier aspect à considérer est l'auto-évaluation. Un coach de vie doit constamment examiner ses compétences et connaissances pour voir comment elles correspondent à la demande actuelle et future. Cela peut signifier l'apprentissage de nouvelles compétences ou l'amélioration de celles qui sont déjà fortes pour mieux servir ses clients.

En fin de compte, anticiper les tendances du marché n'est pas une science exacte. C'est un mélange d'observation attentive, de réflexion critique, d'écoute active et d'auto-évaluation. Mais si c'est bien fait, cela peut vous aider à naviguer sur le marché en constante évolution du coaching de vie et à planifier une carrière durable et réussie.

Diversification des services

L'expansion de votre domaine en tant que coach de vie consiste en l'intégration de méthodes diverses et de services variés. Le fait d'être polyvalent dans votre approche du coaching de vie est inestimable pour votre évolution professionnelle, à la fois en termes de diversification et d'amélioration des services que vous fournissez.

La diversification des services passe tout d'abord par une connaissance élargie des différentes facettes du coaching de vie. En effet, chaque cliente, chaque client est unique et aborde son parcours de développement personnel avec des besoins, des attentes et des objectifs spécifiques. En ayant une large palette de stratégies à votre disposition, vous êtes à même de répondre à ces différents besoins et de fournir un service sur mesure à chaque individu. La capacité à adapter votre approche de coaching en fonction de l'individu que vous avez en face de vous est une compétence précieuse qui enrichira et diversifiera votre offre.

Ensuite, la diversification peut être vue comme un investissement sur le long terme pour garantir la pérennité de votre carrière. En effet, en étendant votre gamme de services, vous pouvez atteindre plus de personnes et donc élargir votre clientèle. Cela peut également vous permettre d'atteindre des clients qui cherchent des services plus spécifiques. Par exemple, si vous vous spécialisez dans le coaching de carrière et que vous ajoutez à votre offre des compétences en gestion du stress, vous pourrez attirer des clients confrontés à des problèmes de stress liés au travail.

De plus, la diversification peut également permettre

une plus grande satisfaction pour vos clients. En diversifiant votre offre de services, vous pouvez mieux répondre aux besoins changeants de vos clients. Vous êtes en mesure de les accompagner dans tous les aspects de leur vie - qu'il s'agisse de leur carrière, de leur santé mentale, de leurs relations ou de leur croissance personnelle. Dans un monde où tout change rapidement, vous offrez ainsi un soutien constant et flexible.

Enfin, la diversification de vos services peut également contribuer à l'amélioration de votre propre épanouissement professionnel. En effet, l'approfondissement et l'élargissement de vos compétences et de vos connaissances peuvent amener de nouveaux défis stimulants. Ce renouvellement constant de vos compétences peut vous aider à rester motivé et passionné par votre travail.

Il est important de noter que la diversification doit être menée de manière réfléchie et stratégique. Prenez le temps d'identifier les besoins non satisfaits de vos clients existants ou potentiels pour développer de nouveaux services qui répondent à ces besoins. Cela demande une certaine réflexion, de l'innovation et des compétences d'écoute, mais les bénéfices pour votre carrière et pour le bien-être de vos clients seront considérables.

En somme, la diversification des services en coaching de vie est un moyen efficace de renforcer votre pratique, d'améliorer la satisfaction de vos clients et de garantir la durabilité de votre carrière. C'est une voie qui demande du temps et de l'investissement, mais c'est une voie qui en vaut la peine.

Plan de développement professionnel à long terme

Le plan de développement professionnel à long terme est un outil indispensable pour toute personne souhaitant devenir un coach de vie accompli. Il s'agit d'une stratégie pour consolider permanent votre cheminement professionnel, favoriser votre croissance et orienter vos efforts afin que vous puissiez réaliser vos ambitions ultimes de carrière.

Premièrement, un élément essentiel à mettre en place est l'autoréflexion. Examiner soigneusement vos forces, vos faiblesses, vos passions et vos buts vous permettra d'établir des objectifs professionnels réalistes et de créer une feuille de route pour atteindre vos objectifs. Il est crucial de consacrer du temps pour revoir et ajuster périodiquement vos objectifs et votre plan, car votre perception de vos aspirations et de votre potentiel évoluera à mesure que vous gagnerez en expérience et en compétences.

Une fois que vous avez dressé le portrait de vous-même en tant que coach et de votre vision de l'avenir, vous devez élaborer un plan systématique pour atteindre vos objectifs. Cela implique de se concentrer sur le développement de compétences essentielles, la recherche d'expériences de formation enrichissantes et la mise en réseau avec des mentors et des pairs de la même industrie. Le développement de compétences et la connaissance sont des aspects importants du plan de dévellopement. Tout comme un artisan, vous devez constamment affûter vos outils - en ce qui concerne le coach de vie, il s'agit d'augmenter continuellement vos compétences de communication, vos capacités d'écoute empathique, vos techniques de résolution de problèmes, et plus encore.

Ne négligez pas l'importance d'acquérir de l'expérience. Cherchez des opportunités pour coacher différentes sortes de clients, assistez à des séminaires et des ateliers, lisez des livres, écrivez des articles et même invité à parler lors d'événements. Chaque expérience vous donne l'occasion d'apprendre quelque chose de nouveau, de renforcer votre réputation et de gagner en confiance.

Sur le plan relationnel, la mise en réseau avec d'autres professionnels peut ouvrir des portes et offrir d'innombrables opportunités pour apprendre et grandir. Cherchez des mentors qui ont déjà accompli ce que vous voulez accomplir, participez à des forums ou des groupes de discussion sur les réseaux professionnels, n'hésitez pas à demander des conseils. Les relations professionnelles que vous entretenez peuvent être une source inestimable d'encouragement, d'inspiration et de soutien.

Enfin, il est crucial de rester ouvert et flexible. Même avec un plan soigneusement conçu, le parcours d'un coach de vie ne sera pas linéaire. Il y aura des obstacles, des défis, et même des échecs. Cependant, ce sont aussi des occasions d'apprendre et de grandir. La clé est d'être résilient, de rester concentré sur vos objectifs, et de vous adapter en cours de route.

En somme, un plan de développement professionnel à long terme est un guide pratique qui vous aide à naviguer dans votre parcours de carrière en tant que coach de vie. En investissant dans votre développement personnel et professionnel, vous augmenterez votre valeur en tant que coach, vous maintiendrez haut niveau de compétence, et finalement, vous pourrez l'efficacité de l'aide que vous apportez à vos clients.

Retraite et succession

Retraite et succession sont des aspects cruciaux dans la planification de l'avenir d'une carrière de coach. Passer les rênes à une autre personne ou trouver la voie à suivre pour votre propre cheminement sont des tâches qui requièrent une réflexion approfondie.

Il faut d'abord comprendre que la retraite ne signifie pas que votre influence ou votre expertise cesse.

En fait, elle marque une nouvelle étape de la vie où vous avez l'opportunité de donner un sens différent à vos expériences, à votre sagesse et à votre connaissance. La planification de votre retraite doit être un processus continu, qui implique la prise en compte de vos objectifs personnels, financiers et de carrière.

Un coach de vie efficace comprend qu'à mesure que ses années de service passent, la richesse de ses connaissances et de son expérience devient un atout qu'il peut transmettre à d'autres à travers une carrière de mentor ou de consultant. En tant que mentor, votre rôle sera d'aider à façonner la prochaine génération de coachs de vie. Vous serez en mesure de transmettre vos compétences, vos connaissances et votre expérience à ceux qui sont prêts à écouter. Cette transition peut être gratifiante et peut vous offrir la possibilité de continuer à affecter positivement la vie des autres, même après avoir cessé d'être actif dans le métier de coach.

Ensuite, la question de la succession est un autre point important. L'établissement d'un plan de succession garantit que l'impact de votre travail perdure, même après que vous ayez pris votre retraite. Trouver un successeur fiable est tout aussi essentiel. Dans certains cas, cela pourrait être un protégé ou un ancien client qui a démontré une passion pour le coaching et qui a les qualifications requises. Dans d'autres situations, il peut s'agir d'un coach externe qui comprend votre philosophie et vos méthodes de coaching.

Pensez à l'héritage que vous laissez derrière vous. Votre philosophie de coaching, vos techniques, la façon dont vous vous êtes connecté à vos clients, comment vous avez résolu des défis - voilà ce que vous laissez en héritage à votre successeur. En partageant ces éléments avec votre successeur, il/elle sera en mesure de poursuivre votre travail tout en apportant sa propre touche unique.

De plus, faire passer le mot de votre plan de retraite et de succession à vos clients est vital. Ils devraient être assurés que le niveau de service qu'ils ont l'habitude de recevoir de vous ne baissera pas. Il est également important de leur présenter votre successeur en temps utile pour faciliter une transition en douceur.

En conclusion, planifier votre retraite et votre

succession n'est pas une tâche facile, mais elle est nécessaire pour assurer la pérennité de votre influence en tant que coach. Elle demande anticipation, réflexion et la capacité à partager votre expérience et votre sagesse avec la prochaine génération.

www.ingramcontent.com/pod-product-compliance
Lightning Source LLC
Chambersburg PA
CBHW070248230526
45470CB00002B/526